ENGAJA MENTO

CB002634

Rogério Chér

ENGAJAMENTO

Melhores práticas
de Liderança,
Cultura Organizacional
e Felicidade no Trabalho

ALTA BOOKS
EDITORA
Rio de Janeiro, 2014

Para Yamini e nossa linda parceria no Hemera

Sumário

Prefácio ix

Por que escrevi este livro? xi

Capítulo 1 — Trabalho Não É Lazer 1

A ilusão do trabalho "feliz" 1
Estamos sendo enganados? 2
Alto nível de comprometimento 3
Motivações intrínsecas e extrínsecas 6
As experiências de "flow" 10
Qual é a sensação de experimentar "flow"? 19
As empresas são viciadas em "pontos fracos" 23
Os cargos têm vida própria 24
Pontos fortes e talentos 26
Trabalho complicado e complexo 30
Ostra feliz não faz pérola 46
A ilusão do ambiente amigável e sem divergências 48

Capítulo 2 — Trabalho Não É Castigo 51

Equilíbrio entre vida pessoal e vida profissional 51
Sentimento de incoerência e inadequação 54
Desalinhamento com a organização em valores e propósito ... 55
Evidências do comportamento não-engajado 56
Ambientes ruins no trabalho 57
A percepção de injustiça 58

Capítulo 3 — Trabalho Deve Ser Significativo 63

Empreendedorismo de Significado 63
Vocação 65
Causa 82
Contribuição 83
Relações 85
Domínio 85

Capítulo 4 — Como Agem os Líderes que Engajam e Inspiram? 89

Estão conscientes para a polaridade masculino/feminino 89

Transitam em todos os níveis de consciência 96

Trabalham como forma de expressar seus propósitos 98

Vivem na prática os valores da organização 99

Operam com uma lente *multi-stakeholder* 101

Alinham sonho grande com gestão eficaz e eficiente 102

Fazem a ponte entre os lados esquerdo e direito do cérebro 103

Adotam uma prática integral: corpo, mente, espírito e emoção 105

Manejam as cinco variáveis do trabalho significativo 107

Capítulo 5 — Liderança, Cultura e Engajamento 109

A empresa gerida por valores 109

A Cultura Organizacional como a grande liga entre indivíduo e organização 111

A visão integral de Ken Wilber 116

O modelo do engajamento integral 118

Bibliografia 139

Índice 141

Prefácio

Caro leitor, considero uma honra muito grande estar aqui com vocês e principalmente pelo Rogério Chér, que por bondade me convidou para apresentar mais uma obra de sua progressiva carreira.

Conheço Rogério como professor, executivo de grandes empresas nacionais e internacionais, consultor e amigo. Quando faço uma retrospectiva das experiências acumuladas nessa jornada, eu o considero sem modéstia nenhuma como um dos pensadores do modelo de gestão no Brasil.

De uma forma simples, quase como um professor de cursinho, mas com o rigor de quem pesquisa a literatura mais recente, Rogério consegue traduzir de uma maneira prática e com conteúdo sua visão sobre assuntos polêmicos no dia a dia de qualquer corporação: engajamento, liderança, equilíbrio de vida e — por que não — a necessidade da espiritualidade nas pessoas.

O que também me entusiasma nesta obra é a forma direta e transparente com que o autor trata os assuntos abordados. Sem prejuízo dos demais temas, que certamente também trarão a você um efeito muito positivo, um deles chamou-me particularmente a atenção: *"Cultura e Engajamento são responsabilidades fundamentais da Liderança"*.

Estou convicto de que este livro representa um momento de reflexão para qualquer profissional, com impactos diretos em sua vida profissional e, acreditem, também em sua vida pessoal.

Boa reflexão, digo, leitura!

Paulo Cunha (PaCu)
Presidente da Motorola Solutions do Brasil

Por que escrevi este livro?

Pessoas morrendo de ansiedade, angústia, tristeza e desânimo. Essa é a desagradável "paisagem" dos ambientes de trabalho que você testemunharia caso circulasse semanalmente, como eu faço, por empresas de portes e ramos diferentes.

Eu sei. Pode parecer exagero. Mas acredite: a imagem é fiel à realidade, com pessoas empobrecidas na relação com o trabalho e rancorosas no convívio com a organização e com os colegas à sua volta. Seus "chefes" são percebidos como encarnação de tudo de ruim que se pode imaginar: não enxergam o real valor de seu time, não são exemplos positivos de liderança na fala e na atitude, não investem no desenvolvimento das pessoas, não geram confiança e, portanto, não engajam e não inspiram.

Essa soma de percepções negativas empurra as pessoas para o desengajamento. Não percebem seu trabalho como algo além de um emprego, de uma atividade que gera ocupação e renda. São críticos em relação à empresa na qual trabalham, não falam bem dela e não recomendam seus produtos e serviços. Dia após dia enfraquecem sua proposta de valor, comprometem os atributos da marca e dilapidam a reputação da organização perante diferentes *stakeholders* (terceiros interessados no negócio: acionistas, fornecedores, clientes, comunidade, bancos etc.).

Nas minhas aulas, consultorias e palestras sempre me refiro ao teste do "almoço de domingo em família": o que nossos colaboradores falam para seus parentes e amigos a respeito de seus líderes e suas empresas?

Arrisco afirmar que, em sua maioria, grande parte das narrativas é permeada por escárnio, descrédito, desconfiança, sarcasmo, ironia, mágoa, rancor e adjetivos nada lisonjeiros. A maior parte das organizações e líderes, portanto, não passa nesse teste.

Claro que parte disso se explica pela imaturidade das pessoas que, ao não investirem em autoconhecimento, indevidamente esperam encontrar amor e afeto de pai e mãe na empresa e em seus chefes. Projetam na empresa, em seus líderes e colegas de trabalho uma série de frustrações inconscientes.

Pessoas com insuficiência de autoconhecimento correm sempre esse risco. Tal fator explica o conjunto negativo de pensamentos e sentimentos sobre as empresas e suas lideranças, mas apenas parcialmente. As organizações e seus líderes justificam, em boa medida, a acidez e a antipatia com que são referenciados por seus colaboradores.

Em junho de 2013 o Brasil foi tomado por manifestações de rua. A bandeira inicial era a "tarifa zero" para o transporte coletivo, mas rapidamente elas incorporaram outras demandas que expressavam repúdio à corrupção e aos péssimos serviços públicos. Os jovens de classe média ocuparam as ruas até que o movimento ganhou contornos de violência e vandalismo (a história ainda haverá de compreender melhor o que estimulou essa mudança). O fato a destacar aqui, todavia, tem a ver com a cólera e o ódio extravasados contra empresas privadas, que durante as manifestações tornaram-se alvos recorrentes de depredações. Suas fachadas, instalações e logomarcas foram repetidas vezes atacadas e destruídas.

Naquela ocasião, algumas dessas empresas me chamaram para conversar. Não conseguiam aceitar e compreender a ideia de se tornarem alvos dos manifestantes. Precisavam entender o que estava acontecendo. *"Por que nós? Qual é a lógica disso? O que temos a ver com esses protestos?"* eram o tipo de perguntas que os líderes de tais organizações se faziam e que dividiam comigo. Fizemos reflexões, debatemos possíveis teses e algumas hipóteses ganharam corpo. Mas, francamente, há momentos em que as perguntas são mais importantes do que as respostas.

E aquele era um maravilhoso exemplo disso. Aquele incômodo todo proporcionou para algumas empresas um saudável questionamento sobre a diferença que fazem no mundo e sobre o valor que adicionam aos diferentes *stakeholders* que interagem com ela.

Fico estarrecido ao testemunhar como inúmeras organizações tentam se tornar "atrativas". Objetivos como "gerar retornos extraordinários para o acionista", "ganhar mais market share", "elevar o EBITDA em alguns pontos percentuais", "vencer a guerra com os concorrentes", são ladainhas repetidas para "engajar" as pessoas. Verdade? É esse mesmo o efeito desses chamados? Engajar as pessoas de corpo e alma com o propósito da empresa? Não acredito, definitivamente.

Nenhuma empresa sobrevive sem solidez econômica e financeira. Ser lucrativa e rentável é algo absolutamente necessário para qualquer empreendimento, mas não é suficiente para se obter um nível superior de comprometimento das pessoas com os produtos, os serviços e com todos os objetivos organizacionais. A dura verdade é que as empresas — com honrosas exceções — mantêm com seus stakeholders relações utilitaristas, imediatistas, interesseiras e desprovidas de significado. Há décadas organizações em todo o mundo perdem respeito, prestígio e admiração. No Brasil isso não é diferente.

O processo de desgaste de sua imagem pública explica, em parte, a razão pela qual as empresas nunca estiveram tão preocupadas com dois temas particularmente relevantes em toda essa reflexão: felicidade no trabalho e engajamento. Como encarar a contradição de uma agenda focada em temas que deveriam produzir resultados exatamente opostos aos que testemunhamos?

Mergulhar nessa indagação e compartilhar minha experiência como empreendedor, executivo, professor e consultor é a razão essencial deste livro. É deprimente a quantidade de pessoas infelizes no trabalho desperdiçando doses inaceitáveis de potencial humano; ao mesmo tempo, me irrita profundamente a maneira rasa e superficial com que se discute o tema da felicidade no trabalho. É angustiante perceber a prática recorrente de expedientes de gestão que enfraquecem o nível de comprometimento dos indivíduos com a organização, devoram margens e amputam receitas. Fico animado com o fato de os líderes preocuparem-se em colocar na agenda das corporações o tema da cultura organizacional, mas acabo desencantado ao perceber que os resultados na maioria das vezes não passam de esforçados planos de comunicação sobre missão, visão e valores, sem o impacto real de reengajar indivíduos com o propósito e com a identidade da organização.

Foi com base nessas inquietações que escrevi este livro, para aprofundá-las e explorar possíveis respostas.

No capítulo 1, abordo a ideia de felicidade no trabalho, os perigos ao se tratar o tema com os costumeiros equívocos e as características emocionais da experiência de se colocar "em fluxo" com a vida e com o trabalho.

O capítulo 2 investiga o comportamento desengajado e toda a série de motivos pelos quais as pessoas se desidentificam, desencantam e se distanciam de seus líderes, colegas e objetivos de trabalho.

Em vez de falar sobre "trabalho feliz", tenho oferecido aos meus leitores, alunos e clientes outra ideia: a do "trabalho significativo". São cinco as variáveis que armam a equação de significado do trabalho: vocação, causa, contribuição, relações e domínio. Este é o foco do capítulo 3.

No capítulo 4, traço o perfil dos líderes que engajam e inspiram, aqueles que, de acordo com minha experiência, são capazes de puxar suas organizações para dentro do século XXI.

Por fim, o capítulo 5 sintetiza a ideia de significado no trabalho e apresenta um caminho concreto para o engajamento por meio da cultura da empresa. É responsabilidade da liderança zelar pelo DNA Organizacional e alinhar indivíduos e organização em valores e propósitos. Aquilo que chamo de "engajamento integral" serve como caminho prático em tal direção e se encontra detalhado neste capítulo.

Minha pretensão com este livro, assim, é apoiar líderes a permearem suas organizações com significado, capazes de alcançar alto nível de comprometimento de seus *stakeholders* com sua proposta de valor. E que, afinal, um número crescente de indivíduos possa experimentar felicidade autêntica de vida e carreira.

Rogério Chér

São Paulo, 1º de julho de 2014.

01

Trabalho Não É Lazer

A ilusão do trabalho "feliz"

O esforço — e às vezes o desespero — para reter talentos pode levar as organizações a um discurso perigoso. A imagem propagandeada é de uma empresa que se assemelha a um pedaço do céu na Terra. Querubins misturam-se com orçamentos e planilhas financeiras em perfeita harmonia. O ambiente é descolado, com o mobiliário do escritório confundindo-se com um espaço físico semelhante a um *flat* para adolescentes ou a um *lounge* para *happy hour*. *Happy hour*, aliás, que para a maior parte das empresas só é possível fora delas e depois do expediente. Não é possível ter uma hora "happy" lá dentro. "Mas em nossa empresa as coisas são diferentes", alguns podem anunciar.

Se você estiver bravo comigo por conta dessa provocação, sua reação pode ser explicada de três formas:

1. Você também caiu no engodo da "empresa feliz" e está aborrecido pela realidade desvendada;

2. Você foi um dos artífices desse engodo e se sente constrangido;

3. Você está chateado porque a empresa na qual trabalha tem características que, honestamente, se assemelham à caricatura de "empresa feliz" desenhada por mim.

Seja qual for seu caso, não teremos nada a perder se falarmos com mais profundidade sobre tudo isso. Vejamos.

Entre todas as palavras que uso em meu trabalho, "retenção" e "reter" estão entre aquelas que me causam náuseas. Pode existir atitude mais insensata do que "reter" alguém, seja numa relação amorosa ou empregatícia? Pense: o que estamos acostumados a reter? Líquido, urina, imposto de renda na fonte e... pessoas? Tudo na mesma categoria de coisas? Faz sentido?

Retenção lembra *detenção*. Fico em minha mente com a imagem do moço, ou da moça, amarrados à cadeira, sob forte ameaça física caso ousem levantar e se evadir. E, a menos que eu tenha perdido o juízo, isso parece estar na contramão de algo que mereça a expressão "trabalho feliz". Se em certa relação existe a necessidade de se reter alguém é porque o vínculo não é sólido. A questão é saber se a solidez virá a partir de esforços de "retenção".

Estratégias para reter talentos têm induzido algumas empresas a utilizar como atratividade de seus ambientes de trabalho a ideia de a atividade profissional neles pudesse ser comparada ao lazer. São locais "felizes" para se trabalhar. Entretanto, sabemos que lazer e trabalho ensejam experiências muito diferentes. Atrair pessoas com base na falsa ideia de um trabalho similar ao lazer é atalho para uma decepção rápida, desencanto, desengajamento e para a porta da rua.

Se essa reflexão o provoca tanto quanto me balança, então você está entre aqueles que — assim como eu — buscam um modelo de relação indivíduo/organização baseada em outros alicerces. E é sobre isso que trata este livro.

Estamos sendo enganados?

Foi um privilégio trabalhar em uma das empresas mais incríveis do Brasil: a Natura. No imaginário de muitos aquele é um lugar em que pessoas jovens, *cool* e inteligentes flutuam entre nuvens de inspiração, inovação e empreendedorismo com uma singela missão: mudar o mundo em que vivemos. Mentira? Não, pois existe muito na essência da Natura que legitima essa imagem. Mas entre uma nuvem e outra os anjos que lá trabalham frequentam espaços físicos em cujas paredes passam canos para ligação de água e esgoto, participam de acaloradas reuniões sobre custos e orçamentos, além de disputarem cada ponto de *market share* como atacantes argentinos em jogos da Libertadores. Enfrentam arrojadas metas de desempenho, trabalham bastante e por vezes sob intensa pressão. Tudo isso faz da Natura um engodo? Não é uma empresa que merece o adjetivo "feliz" ao lado da palavra "trabalho"?

Estas indagações sempre me intrigaram. Como harmonizar as idiossincrasias inerentes às empresas a uma experiência de trabalho verdadeiramente "feliz"? Mergulhei em leituras e debates com diferentes interlocutores e consegui o oposto do que procurava: mais perguntas e dúvidas! Mas era disso mesmo que eu precisava para me trazer até aqui.

Alto nível de comprometimento

Foi possível identificar um padrão no que lia ou debatia sobre o tema da felicidade no trabalho. O que está por trás dos discursos e iniciativas quanto ao "trabalho feliz" é a palavra *comprometimento*. Ou seja, como é possível conquistar dos indivíduos que trabalham conosco um altíssimo nível de fidelidade, compromisso, sacrifício e desempenho? Como posso me assegurar de que os melhores talentos nos escolham hoje, amanhã novamente e depois de amanhã também?

De cada 10 empresas que visito todo mês, certamente 12 estão angustiadas com o tema *Liderança*. Sim, eu sei que essa matemática não faz sentido... Mas acredite: em relação à gestão de pessoas, tenho visto coisas que fazem menos sentido ainda. Um dos motivos para tal angústia esbarra na dúvida sobre se os melhores profissionais que temos escolherão ficar conosco nos próximos anos. Ou seja, qual seu nível de comprometimento com a organização? Preste atenção na história que vou compartilhar com você a respeito.

Um dos meus mais diletos amigos lidera a área de pessoal de uma grande empresa. Agendamos um daqueles almoços para falar sobre tudo o que acreditamos conhecer a fundo: futebol, economia, astrologia, mulheres, geopolítica internacional e, claro, gestão de pessoas. Em dado momento ele parou de falar e fitou em silêncio a lasanha vegetariana que atacava. Perguntei:

— *Essa sua pausa enigmática é uma homenagem a qual das ideias brilhantes que acabamos de ter?* — disse-lhe, cheio de ironia e curiosidade.

— *Na verdade, estou preocupado. Tenho conversado com alguns dos nossos principais líderes e temo pelas escolhas que farão nos próximos dois anos. Estamos para lançar um IPO[1] e receio que perderemos alguns deles...*

— *Como assim? Esses caras têm stock options[2]! Não vão pular do barco antes da hora...*

— *Rogério, você não entendeu....O primeiro ciclo de quatro anos do stock option vence no próximo ano. Eu desenhei o programa, que de fato é muito atrativo. Mas veja a coincidência: abriremos o capital no próximo ano, exatamente quando estarão maduras as opções desses indivíduos. Eles poderão exercê-las quando formos à Bolsa!*

— *Ah, entendi!* — disse, inclinando meu corpo sobre a mesa, colocando-me disponível para ouvi-lo.

— *Temo que eles optem por colocar um bom dinheiro no bolso em vez de se comprometerem com o próximo ciclo estratégico de mais quatro anos. O Conselho nos apertou muito. A régua subiu bastante. As metas estão nas estrelas. Não creio que seremos pouco exigidos daqui para frente!*

João retratava ali uma incerteza que já testemunhei em outras organizações: assim que as opções estiverem maduras, será muito melhor exercê-las e pular fora com a conta bancária recheada. Assumir outro ciclo de altos compromissos em relação a metas comerciais, financeiras

---

[1] Sigla do termo em inglês *Initial Public Offering* (Oferta Pública Inicial), uma operação da Bolsa de Valores pela qual uma empresa abre seu capital oferecendo (vendendo) suas ações ao público em geral pela primeira vez.
[2] Forma de remuneração de gestores por meio de contratos de opções de compra de ações da própria empresa. Ao gestor é facultada a opção de comprar ações da empresa a um determinado valor. O objetivo é motivá-los a agirem como "donos do negócio", vincularem-se à geração de resultados e estabelecerem uma relação de longo prazo com a organização.

e econômicas em troca de mais opções maduras daqui a quatro anos não parece uma troca compensatória para alguns.

— *Entendi. Problemão... Mas esse não seria um ótimo momento para falar de engajamento? Para trazer significado ao verbo "engajar-se"?* — indaguei, imaginando que naquele momento poderíamos discutir caminhos consistentes para "desarmar" a bomba, e para falar sobre comprometimento de outra forma além dos caminhos da recompensa financeira.

Outro silêncio. João desviou o olhar para a mesa ao lado, em que um jovem casal levantava e caminhava na direção da saída.

— *Você vai pedir sobremesa, Rogério?* — exibindo educadamente sua preferência pelo fim daquela conversa.

Contrariamente à minha intenção, a conversa foi finalizada com um ótimo pudim. Não falamos mais. Não discutimos formas para reengajar os líderes em um nível profundo de compromisso. Pagamos a conta e deixamos o restaurante, cada qual com seus pensamentos.

Havia ficado quase três meses sem vê-lo quando nos encontramos em uma reunião de executivos de RH promovida por uma câmara de comércio em São Paulo. Logo que me viu, caminhou sorridente em minha direção e emendou, depois dos cumprimentos:

— *Assunto resolvido, Rogério!*

Pus um sorriso pela metade no rosto, quase em cobrança de uma explicação. Foi a senha para ele completar:

— *Tiramos aquele temor da frente. Acho agora mais difícil que qualquer deles nos escape* – afirmou, fazendo força para expressar alívio na voz e no rosto.

— *E o que vocês fizeram?* — era a pergunta óbvia.

— *Aumentamos o múltiplo do stock option. Outorgaremos aos participantes do programa mais opções de ação, caso permaneçam na empresa pelos próximos quatro anos.*

João ficou parado na minha frente. Parecia esperar um comentário. Mas quem não queria falar agora era eu. Parte de mim estava incrédula, e a outra, contrariada. A solução foi para pior, na minha convicção. Era como trancar aqueles executivos por mais quatro anos numa gaiola linda e dourada. Mas, ainda assim, numa gaiola!

Senti-me arrebatado por inúmeras perguntas. Que sinal aquela organização passou para seus líderes? Que valores tinham sido reforçados — ou enfraquecidos — com aquela decisão? Que mensagem implícita e explícita foi produzida? Que símbolos foram criados, fortalecidos e murchados? Que tipo de comportamento esperar desses executivos nos próximos quatro anos? E no final desse novo período, como "engajá--los" novamente? Como será possível aumentar a cada ciclo o pacote de incentivos? Que *business plan* aguenta isto?

Estava assolado por tais dúvidas, que só foram postas de lado quando lembrei, aliviado, que não era dirigente, consultor, conselheiro nem acionista daquela empresa. Todo aquele episódio — assim como outros que testemunhara — veio ao encontro de minhas longas reflexões sobre o significado do verbo *engajar* e sobre felicidade no trabalho. "Dá para chamar qualquer daqueles indivíduos de engajados e felizes?" era um questionamento mais do que legítimo.

Motivações intrínsecas e extrínsecas

Uma das melhores cabeças e vozes sobre todo esse tema chama-se Daniel Pink. Em palestras e livros é comum vê-lo em críticas sobre a distância entre o que a ciência do comportamento já evidenciou e as práticas de gestão nas organizações. O abismo é enorme. Sou da opinião de que tal dissonância é ainda mais grave quando os assuntos giram em torno da satisfação, da motivação e do engajamento entre indivíduo e organização.

Uma dessas evidências diz respeito às recompensas econômicas e financeiras — assim, esse tipo de recompensa é conhecido como *motivação extrínseca* — e seus efeitos sobre a performance. Atividades mais simples, mecânicas e previsíveis são mais compatíveis com estratégias do tipo "se...então", ou seja, recompensas financeiras condicionadas à realização do trabalho. Acordos com a configuração "se você conseguir este resultado, então terá este prêmio" funcionam em trabalhos que não demandam criatividade, inovação e improviso, isto é, em atividades estritamente ligadas ao lado esquerdo do cérebro. É bom, para que fique claro, uma breve introdução sobre o assunto: o hemisfério esquerdo do cérebro é responsável pelo pensamento lógico, racional e analítico, enquanto o hemisfério direito é responsável pelo pensamento simbólico, criativo e intuitivo. Em tais contextos, a promessa de ganho parece estimular o comportamento e o resultado esperados. "As recompensas podem constituir um empurrãozinho motivacional sem efeitos colaterais em tarefas rotineiras, pouco interessantes e que não requerem tanto raciocínio criativo", completa Pink em seu livro *Motivação 3.0*.

Por outro lado, a situação será bem diferente sempre que o trabalho demandar capacidade para improvisar e inovar diante de desafios complexos, imprevisíveis e com uma gama diversa de variáveis a correlacionar. Atividades desse tipo e que ensejam a combinação dos lados esquerdo e direito do cérebro não podem ser gerenciadas com a estratégia "se...então". Por quê? As evidências científicas indicam que elas não são garantia de obtenção dos resultados almejados e — o que é pior — por vezes produzem efeitos contrários aos desejados. Trabalhos que exigem flexibilidade na solução de problemas, inventividade e compreensão conceitual não ficam sujeitos ao manejo das motivações baseadas em recompensas financeiras que, por vezes, podem distorcer a visão e o comportamento dos indivíduos. Se a premiação financeira for a essência de como se reconhece o desempenho, quem garante que as pessoas não escolherão o "caminho mais curto", mesmo que pela "pior estrada" do ponto de vista — por exemplo — dos valores mais caros para a organização? Isso para não falar sobre ética...

O fato é que os motivadores extrínsecos podem limitar o horizonte de raciocínio e deixar rasa nossa forma de pensar. O foco é na recompensa, no que está à frente dos olhos, o que diminui nossa visão lateral e a atenção aos aspectos periféricos. Um dos pontos mais surpreendentes nos estudos sobre comportamento organizacional — entre os quais destaco aqueles liderados por Daniel Pink e Dan Ariely — é que nos desafios de maior complexidade os altos incentivos parecem não garantir o resultado esperado. Há casos em que parecem até mesmo piorar o desempenho.

Agora, pense comigo: olhe para os níveis gerenciais de diferentes negócios. Repare no tipo de trabalho que seus líderes enfrentam diariamente. Você diria que se parecem mais com aquelas atividades mecânicas, rotineiras, simples e previsíveis do primeiro exemplo, ou se assemelham mais aos desafios complexos, que exigem flexibilidade para lidar com escassez de todo tipo e alta capacidade para decidir, criar, inovar e improvisar? A resposta é óbvia demais.

Isso nos leva aos três elementos das chamadas *motivações intrínsecas*: *autonomia, excelência* e *propósito*. Tema bastante útil à nossa reflexão sobre felicidade no trabalho, especialmente quando falamos sobre liderança engajada e inspirada.

Pink lembra que autonomia está ligada a autodireção. Ao contrário da ética do controle — tão inerentemente conectada às formas mais comuns de gestão — a liberdade para se fazer um trabalho tem valor significativo. A ação alinhada à nossa vontade e escolha produz uma energia que impacta positivamente no que fazemos. Em suas quatro dimensões — *tarefa, tempo, técnica* e *time* — a autonomia abre espaço para desempenhos superiores. Respectivamente, elas se referem a "o que fazemos", "quando", "como" e "com quem".

Felizmente, hoje existem organizações que seguem o exemplo da 3M, que no século passado já usava a autonomia dos 15% de tempo para que seus colaboradores se dedicassem a projetos de livre escolha. O Google — caso atual mais conhecido — adota os 20% para que seus profissionais dediquem-se a projetos paralelos. É evidente que o tema da inovação é o que anima fortemente uma iniciativa assim. No caso da Embraer, por exemplo, indivíduos dedicados a projetos inovadores podem empregar neles até 40% de seu tempo. E a realidade é pródiga em evidenciar bons resultados. Se olharmos para o Google, iniciativas como Orkut, Google Talk, Google Sky e Google Tradutor nasceram da autonomia quanto aos 20% de tempo. Eu fico me perguntando o que essa turma faz então nos 80% de horas restantes em suas jornadas!

A *excelência*, por sua vez, está relacionada ao desejo de sermos cada vez melhores em algo relevante. Empenho e aprendizagem crescente compõem essa dimensão intrínseca da motivação. Aqui nos referimos à situação em que ao realizar uma atividade — e ao repeti-la — percebemos claramente que ganhamos eficácia e eficiência. Ao fazê-la — e refazê-la — notamos quão proficientes nos tornamos, como ganhamos terreno e velocidade. Ficamos cada vez melhores no que fazemos. Nossas habilidades, competências e experiências são mais do que suficientes para um bom desempenho.

Sentir que estamos à altura do desafio é um óbvio fator motivacional. É frustrante quando há distância entre o que é preciso fazer e o que se pode fazer. "Quando o que é preciso fazer está além da nossa capacidade, o resultado é a ansiedade. Quando o que é preciso fazer está aquém de nossa capacidade, o resultado é o tédio", completa Pink.

Propósito, por fim, é o terceiro elemento citado por Pink dentro das motivações intrínsecas. Sentir que fazemos diferença neste mundo e que estamos atrelados a uma causa maior do que nós, tem tudo a ver com esse elemento. Viver um propósito produz energia propulsora para a vida, sobretudo quando nos sentimos parte de algo especial que vale a pena e que se torna mais relevante do que qualquer realização pessoal.

O tema das motivações intrínsecas induz a reflexões importantes que ampliaremos mais adiante, inclusive no capítulo 3. Mas, até aqui, sei que você vai concordar comigo nesta afirmação: considerando o tipo de trabalho complexo que desafia os líderes das diferentes organizações, autonomia, excelência e propósito podem operar melhores resultados para os indivíduos e para o negócio se comparados com o "saco sem fundo" dos altos incentivos, quando eles representam a única maneira pela qual o bom desempenho é reconhecido.

As experiências de "flow"

Mihály Csíkszentmihályi foi quem consagrou a palavra "flow" (ou "fluxo") nas reflexões sobre o tema da felicidade no trabalho. Mas antes de discuti-la em detalhes, dê uma olhada no gráfico (figura 1) apresentado pelo próprio Mihály em palestra proferida no TED. Note um eixo "x" denominado *habilidades* e um eixo "y" na vertical nomeado como *desafios*. No interior do gráfico há denominações para as diferentes combinações entre *habilidades* e *desafios*. Por exemplo, pouquíssima habilidade combinada com alto desafio chama-se "ansiedade", assim como alta habilidade combinada com baixo desafio chama-se "relaxamento". Por outro lado, veja no gráfico o campo relativo ao "flow": alta habilidade combinada com alto desafio. Voltaremos a ele mais adiante.

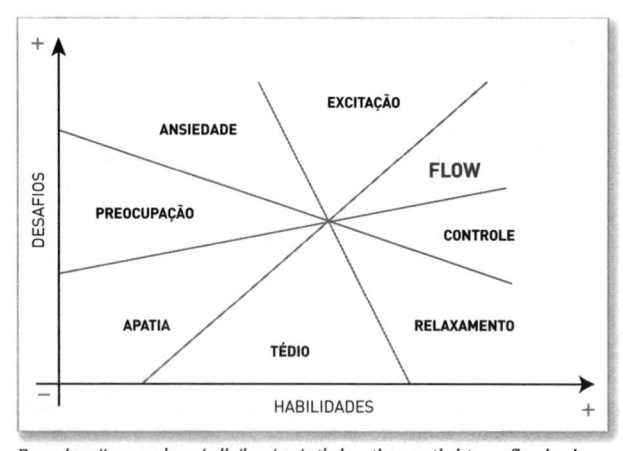

Fonte: *http://www.ted.com/talks/lang/eng/mihaly_csikszentmihalyi_on_flow.html*

Figura 1

Agora que você já se familiarizou com o gráfico, quero que imagine a seguinte situação: suponha que um novo profissional acabou de ser contratado e se juntará à sua equipe na próxima semana. A posição que ele ocupará em seu time enseja um desafio específico para o qual empregará certo conjunto de habilidades. Pergunto: idealmente, em que ponto do gráfico você o imaginaria logo de início? Considerando o começo de seu ciclo de carreira, onde seria melhor imaginá-lo na correlação desafio x habilidade? Dê uma olhada na figura acima e reflita.

Sempre que faço essa pergunta as pessoas não hesitam em responder: "Bem no meio do gráfico, Rogério! Bem no meio!". O ponto a que se referem chama-se "controle" (figura 2), ou seja, uma posição que enseja um nível médio de desafio para uma demanda igualmente intermediária de habilidades. A pessoa sente-se realmente no controle.

Em meio a essa reflexão gosto de brincar com o "teste da Tia Jurema", ao qual sempre recorro. Pense nos funcionários de uma empresa e pergunte: o que eles falam a respeito de seus trabalhos quando estão em família? Trata-se de um teste interessante para uma "tomada de pulso" do nível de engajamento. É o "teste da Tia Jurema".

Todo mundo tem uma tia assim na família, em geral aquela parente alegre e boa anfitriã, perita em bolo de cenoura com chocolate. Agora imagine o colaborador que você acabou de contratar durante um almoço de domingo na casa da Tia Jurema dele. No meio daquela confusão danada que costumamos chamar de "almoço em família" ela perguntará ao estimado sobrinho:

— *Então, querido? Como está seu trabalho lá na firma?*

O rapaz brecará o pedaço de lasanha que se aproximava da boca e dirá:

— *Tudo sob controle. O que tem de sobremesa?*

Como se pode notar, ele não está angustiado nem desanimado. Está tudo "sob controle". Não dá para ficar emocionado com a resposta dele, nem tampouco preocupado. Essa é a reação esperada de alguém cuja correlação desafio X habilidades pressupõe controle. Está tudo bem e ponto final.

Não parece lógico colocar o indivíduo de cara em "ansiedade" (vide novamente a figura 2), isto é, numa posição para a qual sinta que suas habilidades são mínimas e insuficientes diante de um alto desafio. Será um convite para "queimá-lo" e uma acelerada caminhada na direção da porta da rua. Para a Tia Jurema, sua resposta mais provável será em tom de choro, muito medo e incerteza.

Também não parece razoável colocá-lo em qualquer ponto do "relaxamento" (figura 2), em que suas habilidades "sobram" diante de um desafio percebido como muito pequeno. Desânimo absoluto é o que se pode esperar desse indivíduo, que correrá os mesmos riscos de se "queimar" e de caminhar a passos largos em direção à saída, por iniciativa própria ou "estimulado" pela própria organização. À Tia Jurema ele simplesmente dirá:

— *Me dá mais lasanha?* — não se dignando a responder como está no trabalho. Não vale a pena dizer nada, tamanho desânimo.

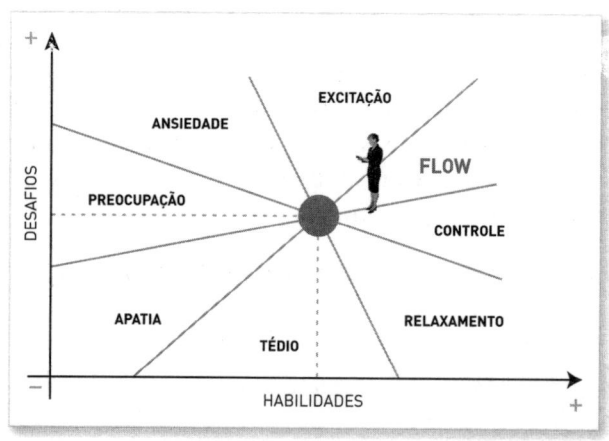

Figura 2

Desse modo, não é difícil concordar com a ideia de vê-lo iniciar seu ciclo de carreira exatamente ali, no centro do gráfico, na posição "controle" (figura 2). Mas quando se trata de pessoas descobrimos nelas um irritante defeito: elas são humanas, exageradamente humanas. Note nas figuras 3 e 4 que, com o tempo, a tendência é que o indivíduo se desloque para os campos "tédio" e "relaxamento". Por quê?

Com o passar do tempo aquele profissional ganha mais habilidades para a execução de seu trabalho. Tal período de tempo varia de pessoa a pessoa. Idade, maturidade emocional, profundidade de suas competências, personalidade, motivadores de carreira, estilos, aprendizagem, comunicação e relacionamento interpessoal são algumas das variáveis que pesam na maior ou menor fatia de tempo que o profissional levará para se sentir maior que seu desafio. Nas figuras 3 e 4 ele se desloca para a direita do gráfico (porque sente-se mais preparado) enquanto que o desafio desliza para baixo. Concretamente o desafio não mudou, ou seja, suas atribuições e responsabilidades ainda são as mesmas. O que mudou foi sua percepção, isto é, o desafio passou a ser percebido como menor. Se isto persistir, as consequências são conhecidas: desmotivação, desencanto, desidentificação e desengajamento. Este profissional será candidato a engrossar as estatísticas de rotatividade da empresa. Perder esse talento é quase certo.

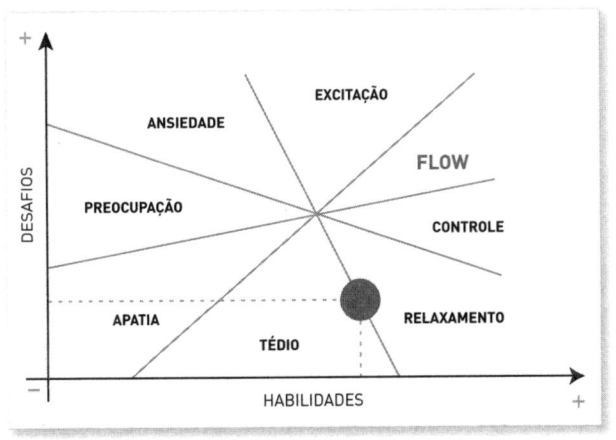

Figura 3

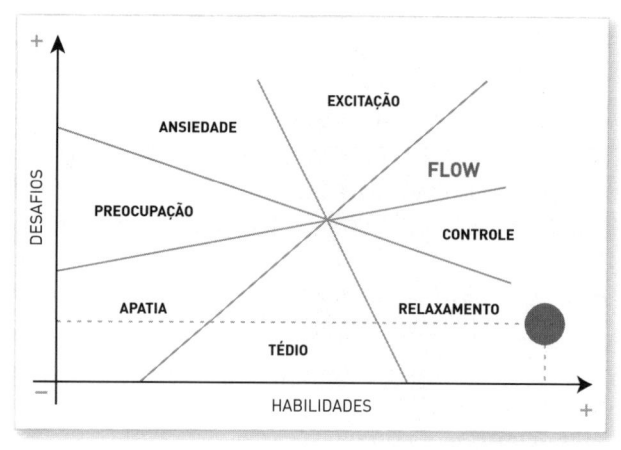

Figura 4

A esta altura você já percebeu porque inseri o tema do "flow" em nossas reflexões sobre engajamento. Ele tem tudo a ver com o elemento *excelência* citado por Daniel Pink como motivação intrínseca. Nosso engajamento está fortemente ligado à relação entre habilidades e desafios. Nossos pensamentos e sentimentos ficam fortemente impactados — para o bem ou para o mal — de acordo com o nivelamento entre essas duas variáveis.

Como evitar que o indivíduo avance para os campos do "tédio" e do "relaxamento"? Veja a figura 5. Há uma bola laranja atrás da bola vermelha. O que ela representa? Duas coisas: a autopercepção do próprio profissional e a atenção de seu gestor mais imediato. Idealmente, líder e liderado se antecipam e discutem conjuntamente o contexto geral da equação *desafios* x *habilidades*. Antes que "tédio" e "relaxamento" se tornem uma realidade cristalizada — e mais difícil de ser contornada — ambos vislumbram alternativas para evitá-los.

Os sinais negativos variam de pessoa a pessoa. A vantagem residirá no nível de consciência do indivíduo (refiro-me novamente à importância do autoconhecimento) e na qualidade da conversa e da relação entre líder e liderado. A proximidade entre ambos é obviamente vantajosa para perceber os sinais do desengajamento que se avizinha:

desinteresse pelo trabalho e pelos colegas, perda de velocidade, menor aprendizagem ou quaisquer mudanças atípicas de comportamento. Será preciso evitar o avanço do "tédio" e do "relaxamento". Por exemplo, é possível mudar algo em relação ao grau de autonomia? O que pode ser feito para reconectá-lo com os valores e propósitos mais caros da organização? Ele precisa se fazer ouvido? Talvez exista algum sentimento de injustiça com relação ao processo decisório da organização? Será necessário investigar.

Note que há um aspecto crucial em toda essa reflexão: as ações são válidas, mas servem apenas para evitar o desengajamento. O foco da liderança em relação a seus times fica empobrecido se toda a atenção for para evitar o desengajamento. A esta altura, não estamos falando em *engajar*, mas em como não *desengajar*. É evidente que nosso maior interesse é ter a maior quantidade de talentos no campo do "flow", onde suas percepções serão de absorção por um altíssimo desafio para o qual apresentarão significativas habilidades. Mas como chegar lá? Como indivíduo e organização podem se conduzir para o "flow"?

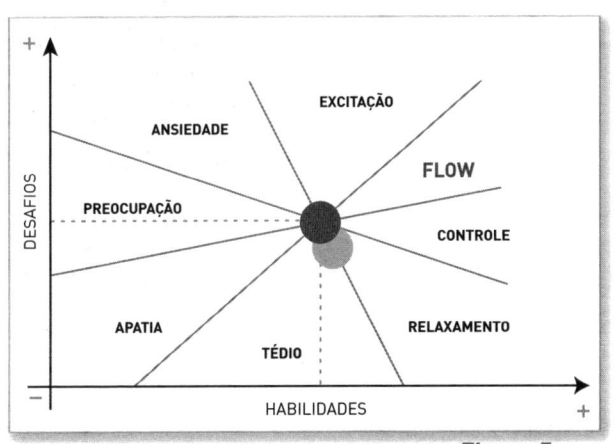

Figura 5

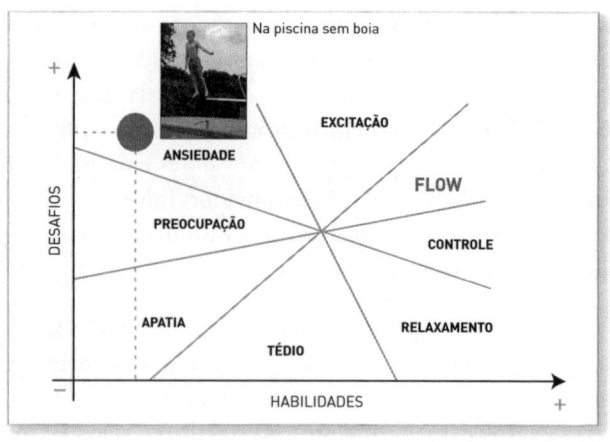

Figura 6

Observe a figura 6. Este é o ponto em que o indivíduo foi fortemente desequilibrado em suas habilidades frente ao alto desafio que assumiu. Houve uma mudança importante em suas atribuições e responsabilidades. Novos e maiores desafios foram-lhe delegados. Ele foi retirado do ponto de "controle", da figura 2. Trata-se, idealmente, de um movimento combinado e planejado em que se inaugurou um novo ciclo de carreira do profissional. É comum apelidar esse campo de "piscina funda sem boia". Mas por que posicionar o indivíduo lá? E como não prejudicá-lo com este movimento?

Quando se estuda a literatura do *management* a esse respeito encontramos uma evidência interessante sobre aprendizagem: é neste ponto que as pessoas mais aprendem. Por quê? Porque em tais contextos elas precisam muito aprender! Pegue um profissional que está na posição "controle" e leve-o para treinamento. Pode-se esperar que o ganho de aprendizagem será tímido, residual. Tome, por outro lado, esse indivíduo em começo de um novo ciclo de carreira, com forte desnivelamento entre desafio e habilidade, na piscina funda sem boia. Ele enxergará a necessidade de aprender. Uma razão, portanto, para se ter alguém nesse lugar é acelerar sua aprendizagem e torná-la significativa, pois é percebida como chave para ganhar as habilidades que o apoiarão a dar conta do desafio assumido.

Temos aqui a resposta ao porquê, mas ainda é preciso analisar como tudo isso pode acontecer sem comprometer o profissional. Veja, não vamos nos iludir: ele viverá um período de tensão e estresse. O problema é quando esse período é prolongado demais. Claro que isto não pode ocorrer. Mas o começo do novo ciclo de carreira será "quente". Por outro lado, um movimento como esse, programado entre líder e liderado, será bem-sucedido se houver *gestão da proximidade*. E o que isso significa? Enquanto o indivíduo está na piscina — e sem boia — será ótimo olhar para a borda e ver pelo menos duas pessoas ali: seu líder e seu RH. Ou seja, tanto a liderança quanto o profissional de RH que apoia aquele time estão próximos para orientar, capacitar e abastecer o indivíduo com recursos e informações. Claro que o interesse é óbvio: não queremos que ele morra afogado!

Nos temas relativos à gestão da proximidade e desenvolvimento de talentos você encontrará uma estratégia comum às melhores organizações: o chamado "70/20/10". Para acelerar a aprendizagem do indivíduo — e fazê-lo caminhar para a direita do gráfico, na direção do "flow" — fará diferença ter seu desenvolvimento apoiado 70% *on the job*, 20% em *coaching* e *mentoring* (consulte o capítulo 3, item "Vocação", para conceituação e mais informações sobre esses termos) além de 10% em treinamento convencional, do tipo "sala de aula". A ansiedade e o estresse do profissional aumentarão geometricamente caso ele tenha que aguardar a agenda do treinamento mais próximo para adquirir a habilidade que ainda lhe falta à luz do desafio. O problema é que o desafio não será generoso para aguardar... A realidade é dinâmica e impaciente. Fará toda a diferença ter alguém que o acompanhe na execução e nos processos decisórios, um apoio direto no "campo de batalha", ao vivo e em cores. É toda a lógica do *on the job*. Aconselhamento via coaching e mentoring também é fundamental: ter com quem falar sobre vida e carreira, olhar sua trajetória numa perspectiva de longo prazo e enxergar como sua aprendizagem pode ter mais efetividade serão essenciais para esse indivíduo. São em momentos assim que o profissional é tomado por questionamentos fortes do tipo "será que vou conseguir", "vou dar conta disso?". Estará compreensivelmente arrebatado por incertezas, diante de muita instabilidade à sua frente.

Fará toda a diferença ter com quem se aconselhar. Um contexto justificado para se investir em coaching e mentoring.

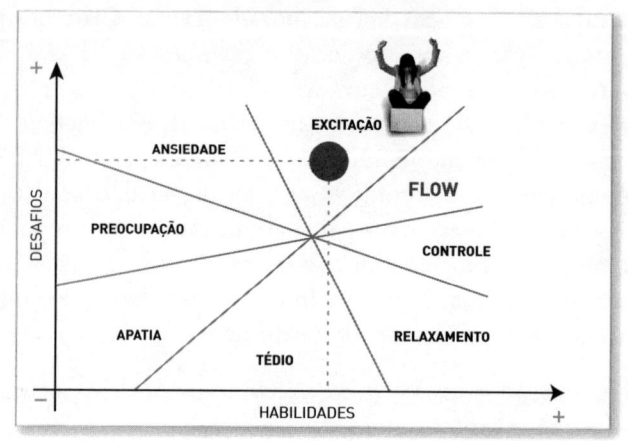

Figura 7

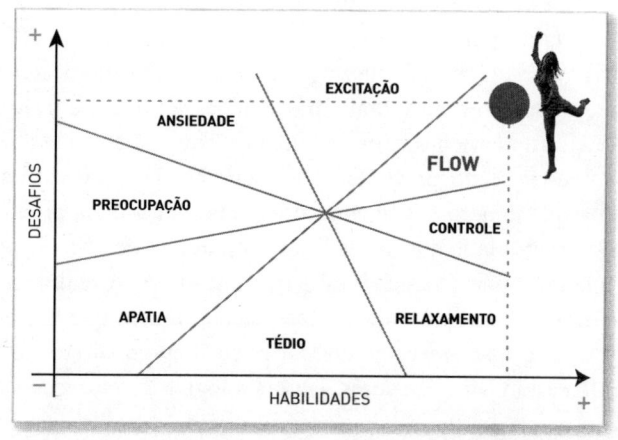

Figura 8

Uma eficaz gestão da proximidade moverá o profissional para a direita no gráfico, conforme as figuras 7 e 8. Desenvolverá mais habilidades, até o ponto em que igualará os níveis de alto desafio com os de alta prontidão.

Líderes que engajam e inspiram sabem que quando o tema é gente é impossível generalizar as situações, pois tudo varia caso a caso. Os movimentos serão vivenciados de modo diverso por profissionais diferentes, cada qual com suas vantagens e desvantagens, com seus pontos fortes e fracos. Também é impossível estabelecer um tempo padrão para o indivíduo percorrer o caminho do "controle" ao "flow". Quanto tempo dura esse percurso: dois anos, três anos? Novamente a resposta dependerá de cada caso. Mas compreender a dinâmica envolvida é fundamental para engajar e inspirar nossas equipes.

Sabemos, entretanto, que as pessoas são complexas. Pergunto: o que acontecerá ao longo do tempo com o profissional que entrou no campo do "flow"? Continuará em "flow" indefinidamente? Não. Ele certamente voltará para o nível do "controle", em algum momento. Com o tempo ganhará duas percepções: a de ter parado de aprender coisas novas e a de que o desafio já não é tão estimulante. Será preciso construir novos ciclos de carreira e novas experiências de "flow".

Existe um risco de falar de "flow" olhando para um gráfico: o de atribuir ao assunto um contorno matemático e exato. Em se tratando de gente, os últimos adjetivos que podemos usar são esses. Por isso, é fundamental não perder de vista que as experiências de "flow" são essencialmente emocionais, difusas e subjetivas. São ondas de sentimento e pensamento fortemente ligadas ao tema que nos interessa aqui, do engajamento e da felicidade no trabalho. Vamos refletir melhor sobre isto.

Qual é a sensação de experimentar "flow"?

Na bibliografia recomendada ao final deste livro há indicações de excelentes obras sobre o tema do "flow" e da felicidade no trabalho. Há muita coisa boa escrita a respeito. Sou da opinião, todavia, de que a melhor definição sobre "flow" encontra-se no filme *Billy Elliot*. Há, em especial, uma cena em que o protagonista — um pobre garoto inglês — participa de uma entrevista para ser eventualmente aceito numa aristocrática escola londrina de balé. Uma das juradas faz a ele a seguinte pergunta: "Billy, o que você sente quando dança?". A resposta é emblemática:

— Não sei... eu me sinto bem. No início é duro... mas quando eu começo me esqueço de tudo e... pareço desaparecer. Sim, pareço desaparecer, sinto algo mudando no meu corpo todo, como um fogo dentro de mim. Eu fico lá, voando como um pássaro. É como eletricidade... sim, como eletricidade...

Já li muito a respeito de "flow", mas nada tão maravilhosamente belo quanto a resposta de Billy. Foi o que assegurou sua admissão na academia. Foi a resposta que marcou o início de uma carreira bem-sucedida.

Sentir-se bem, esquecer-se de tudo e "desaparecer". Sentir um "fogo interno", uma eletricidade pelo corpo. O que o coloca dessa forma? O que o faz experimentar sensações como essas no mundo do trabalho? Que atividades em sua carreira têm o poder de provocar em você tais sentimentos?

Você ainda não precisa responder. Vamos nos concentrar por enquanto nesta ideia: experiências de "flow" ensejam sentimentos e pensamentos, ou seja, emoções. Como disse anteriormente, estamos nos referindo aqui a algo emocional e comportamental.

Estamos sempre sujeitos a viver experiências desse tipo.. Acredite: elas acontecem com você mais do que imagina. O problema é que eu e você estamos "ausentes" na maior parte do tempo, no modo "zumbi". Quase sempre oferecemos a nós e ao mundo nossa mais retumbante ausência. Estamos lá, mas não tem ninguém dentro de nós. É só mais um corpinho andando por aí. E uma vez ausentes, como vamos notar "flow" quando ele vier?

Para entender a emoção de viver "flow" vamos decodificá-la em partes distintas. Ao realizar diferentes atividades, pergunte-se:

1. Perco a noção do tempo?

2. Perco a noção de dualidade?

3. Obtenho feedback no mesmo instante?

4. Sinto que a atividade tem sentido em si própria?

5. Projeto essa atividade no futuro?

Vamos olhar cada uma dessas sensações em separado.

Noção do tempo

Atividades que nos põem em "flow" nos mergulham em nível intenso de atenção e concentração. Ficamos absorvidos de modo profundo, com foco e entrega. As horas passam e você não percebe. O relógio é esquecido e o tempo ganha outras medidas impossíveis de serem quantificadas em segundos, minutos e horas. Você está em outro lugar, onde o tempo funciona com outra lógica. Alguém dirá: "nossa... você está mergulhado nisso há mais de 3 horas!". E você terá a sensação de que se passaram apenas alguns minutos. Algumas coisas nos deixam com a sensação de perda de tempo. Com outras, perdemos a noção do tempo.

Noção de dualidade

Nossa realidade concreta é *dual*, mas nossa experiência emocional significativa é *una*. Em "flow" não se distingue onde você começa e onde termina a atividade que o absorve, tampouco onde ela começa e em que ponto você termina. Você e a atividade tornam-se uma mesma coisa. A sensação é de estar emaranhado a ela, de que você se desfaz naquilo, no mesmo instante em que aquilo se desmancha em você. Aquilo é você. Você se tornou aquilo. A percepção é de que em tal lugar estão você, a atividade e o universo inteiro, sem a fragmentação típica da dualidade.

Feedback

Você não *avalia* o resultado, mas *sente* o resultado em seu corpo e em sua alma. Não há planilhas de avaliação que lhe darão a exata dimensão do que ocorreu. Você já sabe como foi. Sabe que foi excepcional. Você e a atividade trocaram feedbacks sem palavras. Sua entrega intensa torna-se o modo mais eloquente de dizer "foi ótimo!". A experiência emocional igualmente profunda que a atividade proporcionou a você é sua linguagem para confirmar "foi mesmo ótimo!". Aquela voz que todos temos em nossa mente nos diz, com saudável arrogância: "estamos arrasando... foi espetacular!". Você não precisa de feedback. Você já sabe que foi fora de série.

Sentido

A última frase que você precisa ouvir é "isto vale a pena". Ninguém precisa dizer que fazer aquilo é importante e tem significado. Enquanto você vive aquela experiência, a certeza de que vale a pena se constrói simultaneamente, ou seja, a consciência de que era mesmo para estar ali, de que aquilo faz sentido ainda que não se conheça o resultado. Estar absorvido nessa atividade se justifica e você não precisa ouvir isso de ninguém para sabê-lo.

Futuro

Você já sentiu saudades do futuro? Daquilo que ainda não aconteceu? Quando conversamos com pessoas que vivem experiências de "flow" elas relatam um sentimento de ansiedade do tipo "quando farei isto novamente?", "quando a vida me chamará aqui de novo?". Durante a própria atividade que o põe em "flow" há uma vontade de estar ali mais uma vez, em algum outro momento. No mesmo instante em que você se enxerga naquela atividade no futuro, planeja os "truques" e "macetes" que adicionará para fazê-la mais e melhor. Ou seja, você já idealiza modos de improvisar e inovar quando estiver novamente diante daquela experiência.

Esses são sentimentos comuns às experiências que parecem nos colocar em *fluxo com a vida*. Sentimos que era para estar ali mesmo, sendo parte de algo que nos importa, deixando que esse algo também seja parte de nós. Você não pode medir "flow" cartesianamente, tampouco evidenciar em planilhas seus formatos e dimensões. Você experimenta emocionalmente "flow" e sente quando ele acontece.

É fácil associar o tema do "flow" ao engajamento e à felicidade no trabalho. Mas, por outro lado, até que ponto nossas competências, nossos talentos e pontos fortes colaboram para vivermos essas experiências? Vamos refletir sobre isso.

As empresas são viciadas em "pontos fracos"

Qual é a lógica das *avaliações de desempenho* nas empresas? Os pontos fracos. Qual é geralmente o tema central dos encontros para *feedback*, depois das avaliações? Os pontos fracos. E quanto ao escopo dos chamados "PDIs", os *Planos de Desenvolvimento Individual*, elaborados ao final dos processos de avaliação? "Endireitar" os pontos fracos.

Pontos fracos, superfracos ou muito fracos. É irritante essa repetição e bem questionável a forma como as organizações conduzem seus processos para gestão de desempenho. Todo o viés é para o que não funciona, o que não vai bem, para a falta, para o deficit. No mundo do RH, especialmente, os pontos fracos ganham eufemisticamente nomes bonitos: GAPs de competência, lacunas de desempenho, pontos de melhoria, oportunidades de desenvolvimento, etc. No final das contas, é tudo ponto fraco!

Mas o que isso significa? Devemos virar as costas para aquilo que é preciso melhorar em nosso desempenho? Treinamento não serve para nada? Claro que a solução não passa por aí. Mas é preciso olhar criticamente o que acontece nas empresas em relação a seus talentos.

Quantas vezes você já testemunhou a história de algum profissional que cresceu aceleradamente na empresa, era tido como de "alto potencial", assumiu novos desafios passo a passo e quando chegou no ponto mais alto parou de brilhar? Eu conheço vários casos assim. O indivíduo era uma enorme promessa. Mas quando mais precisávamos dele — e quando ele atingiu o ponto máximo em sua carreira — a história mudou e acabou em frustração e insucesso. Por que coisas assim acontecem?

Uma primeira explicação reside naquele ponto em que o profissional foi para a piscina sem boia e — surpresa alguma — morreu afogado, sem qualquer gestão da proximidade por parte de sua liderança e do RH. Claro que aspectos de natureza pessoal e familiar também sempre pesarão. Mas vamos nos concentrar agora em um aspecto bem concreto da nossa relação com o trabalho, que também pode explicar esse fenômeno: o nosso cargo. A evolução de carreira ao longo dos cargos espalhados pela estrutura podem afastar o indivíduo de seus maiores talentos e deixá-lo cada vez mais exposto a seus pontos fracos.

Olhe bem para a maneira como nos relacionamos com nossos cargos. Eles têm vida própria. Não somos nós quem animamos o cargo, mas o contrário: somos por ele "animados". Basicamente "ele sabe" o que precisamos fazer. Há um "script" definido a ser cumprido. Escopo, descrição, rituais de governança, organograma, políticas e processos: está tudo lá "pronto". É só tocar o barco com eficácia e eficiência. Certo? Nem um pouquinho!

Os cargos têm vida própria

Lembro de meu primeiro dia na Natura. Ninguém fez minha integração melhor do que minha secretária. Disse-me em tom assertivo, assim que cheguei:

— Rogério, como Diretor de RH você tem aqui alguns rituais predeterminados dos quais deve participar. Você tem semanalmente uma reunião de gestão com seus diretos e uma reunião mensal de resultados com todo o board de RH. A cada dois meses você tem o chamado "Encontro Marcado", quando se reúne com todos os funcionários — menos os diretos — para tomar pulso do clima. Uma vez por semestre você realiza com seu pessoal um Team Building, em geral num espaço externo à Natura. Já temos a lista dos consultores homologados para esse trabalho, bem como os locais onde promovemos os encontros.

Mal assimilara aquilo tudo quando ela completou:

— *Puxa... já ia me esquecendo. Aqui está a pauta anual do Comitê de Pessoas, com a previsão dos temas para cada reunião mensal. Antes desses encontros todos os assuntos passam primeiro pelo board da Vice--Presidência de Desenvolvimento e Sustentabilidade e depois pelo Comitê Executivo. Já coloquei todas as reuniões em seu calendário. Sua agenda está pronta até dezembro.*

Estava me preparando para perguntar onde ficava o banheiro, o desfibrilador e a enfermaria mais próxima quando ela emendou:

— *Como Diretor de RH você deve nos representar nos eventos de final de ano. Estamos em dezembro, lembra? Hoje à tarde temos o evento de final de ano neste sítio aqui* — disse ela, com um mapa eficientemente impresso e cheio de indicações, lembrando que uma de nossas gerentes de RH das fábricas estava pronta para me acompanhar até o evento.

— *Depois você volta para Cajamar, onde teremos à noite o evento de reconhecimento por tempo de casa, para aqueles que completam 5, 10, 15, 20 e 25 anos de Natura. Você será o mestre de cerimônias com a Alessandra, líder dos RHs de Área. Depois te explico melhor os outros encontros ainda para este mês.*

Pensamentos suicidas invadiam minha mente quando ela alertou:

— *Agora é melhor se apressar pois não vai dar conta da agenda de hoje se ficar aí me olhando* — disse, felizmente com um sorriso carinhoso.

E lá fui eu. E foi assim pelos três primeiros meses. Eu não era dono da agenda. Eu não conseguia determinar o calendário. E o que era pior, demorei algum tempo para entender o escopo e o formato de cada um daqueles rituais.

Certo dia, ao voltar para casa, com forte sentimento de inadequação, lembrei de um episódio caricato. Anos atrás, em viagem a trabalho para Fortaleza, aproveitei uma manhã livre e escapei até a Praia do Futuro, que eu particularmente adoro. Decidi entrar no mar, escaldado pelo forte calor. A certa altura, uma onda súbita me derrubou na direção em que a areia tombava mais para o fundo. Tentei me levantar, quando outra onda me cobriu, e mais outra, e outra. Eu não conseguia me levantar. Era ridículo! Quando finalmente me ergui estava todo ralado e — para completar a cena — com a sunga arriada. Claro que minha primeira preocupação foi olhar ao redor, para ver quantas testemunhas se divertiam com a cena. Felizmente o destino me brindou com a sorte de estar sozinho ali. Ninguém viu!

Aquela lembrança no mesmo instante tornou-se análoga à situação que vivia. Minha agenda tinha vida própria e meu cargo tinha sua lógica. Os eventos vinham um atrás do outro, sem me dar chance de levantar, respirar, olhar ao redor e fazer as melhores escolhas.

Felizmente, no caso da Natura, os rituais têm sinergia com seus direcionadores de cultura. Trata-se de uma empresa relacional, em que a liturgia de sua governança reforça esse traço cultural. Todavia, aquele era um claro exemplo do quanto somos "operados" pela função, em vez de atribuir a ela os nossos estilos, motivadores, talentos, pontos fortes e significados. A palavra *anima* quer dizer alma; desse modo, não faz sentido um cargo trazer alma para o indivíduo, mas o contrário sim. É o profissional que anima seu cargo com seus pontos fortes!

O ponto aqui é claro: boa parte da nossa experiência negativa com o trabalho está relacionada com a distância crescente entre nossos maiores talentos e pontos fortes, e a "martelada" para consertar nossos pontos fracos aliada à configuração de nossos cargos as quais nos põem a reboque, como um veículo sem motor próprio. Isso não engaja e muito menos inspira.

Para avançarmos na reflexão definiremos talentos e pontos fortes.

Pontos fortes e talentos

A palavra *talento* — como todas as demais expressões — tem diferentes significados. Seu uso cotidiano serve como sinônimo para os profissionais de uma organização. "Nossos talentos" seriam equivalentes a "nossos colaboradores", "nossa gente". Seu emprego principal, todavia, converge com as definições do dicionário *Michaelis*: *Grande e brilhante inteligência; Agudeza de espírito, disposição natural ou qualidade superior; Espírito ilustrado e inteligente, grande capacidade; Pessoa possuidora de inteligência invulgar; Força física, vigor.*

No mundo corporativo, *talento* se refere ao profissional com qualidade, capacidade e performance superiores, aquele de quem esperamos os melhores resultados e para quem se justificam investimentos, cuidados e políticas específicas. O esforço de "retenção", dessa forma, é pertinente exatamente para aqueles que são percebidos como talentos.

Há muita literatura a esse respeito. Minha preferência é pela linha adotada pelo Gallup International. No livro *Descubra seus Pontos Fortes*, Marcus Buckingham e Donald O. Clifton sugerem um caminho interessante para identificação dos nossos *dons inatos*, ou seja, dos nossos *talentos*: referem-se a todas as tarefas que realizamos quase perfeitamente, e mais de uma vez. Considero sábio o emprego da palavra "quase", por uma razão: nada supera nosso senso de crítica e censura. Tudo aquilo que realizamos quase perfeitamente, e que somos capazes de repetir outras vezes — isto para afastar as hipóteses de "acidentes", sorte e resultados não-intencionais — está no contexto de nossos talentos.

Sempre que treinamos e desenvolvemos os talentos que possuímos nós os convertemos em pontos fortes. Nossas fortalezas, portanto, seriam nossos talentos cada vez mais ampliados e aprimorados. O passo seguinte — para a experiência de um trabalho feliz e engajado — seria colocar nossos pontos fortes a serviço de nossos valores e propósitos.

Pense: como são escritas as histórias de carreira, em sua maioria? Uma pesquisa feita pelo Gallup com 1,7 milhão de funcionários de 101 empresas em 63 países indicou que apenas 20% das pessoas que trabalham nas grandes organizações acham que usam seus pontos fortes todos os dias. É muito pouco! Não é de se admirar que o tema de felicidade no trabalho — ou de sua falta patológica — seja atualmente foco tão expressivo das lideranças em diferentes organizações.

Reflita: quantos pontos fortes você tem? E quantos pontos fracos? Não sei quanto a você, mas eu tenho duas ou — no máximo — três atividades que faço quase perfeitamente, e mais de uma vez. Tenho, por outro lado, uns 800 pontos fracos. Agora responda: minha chance maior de êxito passa por investir em meus talentos e transformá-los em efetivos pontos fortes, ou por treinamentos e desenvolvimentos que eliminem meus pontos fracos?

Como vimos — e lamento você não conseguir discordar de mim — a imensa maioria das organizações tem foco nos pontos fracos. A pergunta, porém, é sobre a eficácia de tal foco. É possível transformar o ponto fraco de alguém em ponto forte? Podemos eliminar as deficiências que temos, ou pelo menos reduzi-las a um nível inofensivo? Com relação a esse aspecto, sinto-me alinhado ao pessoal do Gallup quando qualificam como desperdício tempo e recursos gastos pelas empresas para "consertar" as fraquezas de seus profissionais. Um investimento mais inteligente e pertinente é aquele focado em nossos dons inatos, nossos talentos, que uma vez aperfeiçoados nos colocariam na direção de um "desenvolvimento real".

Vale dizer que ignorar nossos pontos fracos faz parte da construção de um trabalho significativo, certo? A melhor resposta é: depende. Imagine que seja possível configurar as atribuições e responsabilidades de seu cargo de modo que você nunca se depare com seus pontos "cegos". Em tais casos, o melhor mesmo é ignorar suas fraquezas, desistir de "marretá-las" e investir tudo em seus talentos, para transformá-los em efetivos pontos fortes a serviço de seu propósito de vida e carreira. Todavia, isso nem sempre será possível. Às vezes é impossível tirar da nossa frente aquilo que esbarra em nossos pontos fracos. Claro que fica explícita nossa convicção de que o caminho para a felicidade no trabalho passa por nos ancorar o máximo possível em nossos talentos. Mas é muito difícil imaginar que não nos encontraremos com nossas fraquezas, ou seja, que não lidaremos com desafios que nos aproximam de nossas maiores dificuldades em termos de habilidades, competências e experiências. O que fazer nestes casos?

Buckingham e Clifton fazem menção ao chamado "controle de danos", e a explicação é contextualizada com a história de um astro do golfe: Tiger Woods. Em terreno acidentado, Tiger sempre esteve em torno da 60ª posição, ou seja, entre os piores do mundo. Mas isto não o impediu de estar no topo do ranking. Por quê? Quando Tiger jogava, a bolinha nunca caía em terreno acidentado, certo? Claro que não! Nem mesmo um exímio jogador como ele poderia evitar que a bola caísse em locais com areia ou com grama mais alta. Qual era a solução? Controle de danos, segundo seu técnico.

Já que não era possível evitar por completo o terreno acidentado, o técnico de Tiger investia algum tempo em aprimorar sua performance nesse quesito. Mas o treino era realista e pragmático: por mais que treinasse, Tiger nunca se tornaria um craque em terreno acidentado. A ambição era apenas tirar a bola dali, da melhor forma possível, com menor prejuízo possível. Nas palavras de Buckingham e Clifton: "Tiger Woods estava numa posição um pouco delicada. Não podia escapar do fato de que seu jogo em terreno acidentado precisava melhorar e assim, como acontece com muitos de nós, foi forçado a fazer um controle de danos. Trabalhou em cima de sua fraqueza apenas o suficiente para que ela não solapasse seus pontos fortes. Mas, assim que seu jogo atingiu níveis aceitáveis nesse campo, ele e seu treinador voltaram suas atenções para um trabalho mais importante e criativo: o refinamento e aperfeiçoamento do ponto forte dominante de Tiger, seu *swing*". Ou seja, o que fez Tiger ocupar o primeiro lugar no ranking não foi a eliminação de seus pontos fracos, mas a prioridade de treino para sua vocação. Assim como com os atletas em geral, são nossos talentos transformados em pontos fortes que nos levam mais longe, e não a suposta eliminação de nossas fraquezas. São aquelas escolhas que nos aproximam de nossos talentos a melhor explicação para nosso sucesso, e não a pretensa abolição de gargalos e fragilidades.

Isto posto, estaremos mais distantes de algo que possa ser percebido como trabalho feliz sempre que nossos cargos nos afastarem de nossos talentos. Estaremos infelizes sempre que nossas escolhas de vida e carreira nos deixarem distantes de nossos dons, daqueles atributos que nos singularizam, que são parte relevante de nossa identidade profissional, que respondem pelo modo como somos percebidos e reconhecidos. "(...) a verdadeira tragédia da vida não é cada um de nós não ter suficientes pontos fortes, é fracassarmos em usar os que temos. Benjamim Franklin chamou as potencialidades desperdiçadas de 'relógios de sol na sombra'", completam Buckingham e Clifton.

A que ideal deveríamos almejar? Do ponto de vista das organizações, que os cargos sejam suficientemente flexíveis e adaptáveis de modo que seus ocupantes possam configurar suas atribuições, responsabilidades, metas e rituais para que estejam ancorados na maior parte possível do tempo em seus talentos e pontos fortes. Do ponto de vista dos indivíduos, que sejam conscientes para suas fortalezas e para todos os aspectos que os diferenciam e que lhes atribuem características distintivas. Esse é um caminho mais razoável para a felicidade no trabalho. Como diz Martin Seligman, "pessoas felizes remodelam seus trabalhos, seus relacionamentos — e tudo o mais em suas vidas — ancorados em seus pontos fortes de modo a usá-los ao máximo e colocá-los a serviço de um propósito maior do que elas próprias".

Trabalho complicado e complexo

Lembrar do primeiro beijo, da primeira relação sexual, do primeiro emprego, da primeira visita a um país estrangeiro. Quase sempre as primeiras experiências são distintas daquilo que imaginávamos, para melhor ou para pior. A maneira como lidamos com a distância entre o imaginado e o real define quase sempre nosso grau de felicidade autêntica. A realidade pode ser melhor ou pior do que esperávamos. A chance de ser diferente é enorme.

Essa reflexão tem tudo a ver com a chamada *complexidade*. Emprego aqui esse termo com o significado utilizado pelo francês Edgar Morin, conhecido como pai do pensamento complexo.

Complexo é mais do que complicado e enseja características conhecidas de cada um de nós, em nossas jornadas de vida e carreira: *incerteza, instabilidade, ambiguidade, polaridade, incompletude do saber, mudança* e *transição*. Vamos analisar esses elementos da complexidade e que tão bem caracterizam nossa experiência de viver neste século.

Incerteza

Edgar Morin, em seu livro Os sete saberes para a educação do futuro, traz uma frase elucidativa para a complexidade em que estamos mergulhados: "O fim do século XX foi propício para compreender a incerteza irremediável da história humana. (...) O século XXI descobriu a perda do futuro, quer dizer, sua impredizibilidade. Esta tomada de consciência deve ser acompanhada por uma outra, retroativa e correlativa: a de que a história humana foi e continua a ser uma aventura desconhecida."

É absolutamente impossível prever o futuro. É nesse sentido que Morin fala da "perda do futuro". Perdemos o futuro quanto à total impossibilidade de prevê-lo. Mas preste atenção: não me refiro apenas aos próximos cinco anos. Sejamos honestos: não é possível prever sequer como terminará o dia de hoje. Onde estaremos? Com quem? O que terá acontecido até o término deste dia? O que teremos vivido? É impossível responder com precisão. Temos planos e intenções para este dia, para os próximos anos, mas não podemos afirmar que tudo ocorrerá como previsto. Pelo contrário, a única certeza em relação ao futuro é que ele será diferente do que planejamos. E aí reside um aspecto essencial não apenas para compreender a complexidade, mas também para conviver com ela.

É preciso aprender a mergulhar na incerteza e, de algum modo, sentir-se confortável diante do incerto. Sabemos o que sabemos, sabemos o que não sabemos mas não sabemos o que não sabemos. Parece complicado, certo? Mas a manchete é simples: navegamos rumo ao futuro — começando pelo dia de hoje — como heróis e heroínas em jornadas completamente desconhecidas. Mas apesar de toda a incerteza, fazemos escolhas, traçamos planos e procuramos executá-los com eficácia, eficiência e excelência.

É este o comportamento das pessoas tipicamente bem-sucedidas no século XXI, na vida e na carreira: sabem que não sabem o que ocorrerá, mas mesmo assim não renunciam ao dever — e ao direito — de fazer escolhas de como sonham e querem o futuro. Começando pelo dia de hoje! Ao mesmo tempo em que fazem suas escolhas, tanto em suas vidas pessoais quanto profissionais, procuram se preparar intensamente para as situações contrárias às desejadas.

Diante da incerteza em que vivemos, não me restam dúvidas de que esta competência é chave para os líderes que engajam e inspiram: preparam seus times para o plano e para aquilo que chamo de "não-plano". Municiam suas equipes com o que for necessário para a plena execução do planejado, no mesmo instante em que as preparam para reagir quando o plano não acontecer como previsto (ou seja, preparam-nas para o "não-plano").

No mundo do *management* foi Jim Collins que escreveu algo pertinente a respeito, em seu livro *Vencedoras por Opção: incerteza, caos e acaso — por que algumas empresas prosperam apesar de tudo*. Collins denomina de *líderes 10x* aqueles que se preparam intensamente para as circunstâncias adversas, reservando energia para tais momentos. Afirma o referido autor: "De um lado, os *líderes 10x* entendem que enfrentam contínuas incertezas e que não podem controlar nem prever, com absoluta precisão, aspectos importantes do mundo ao redor. De outro, rejeitam a ideia de que forças fora de seu controle ou circunstâncias fortuitas podem determinar seus resultados; ao contrário, assumem inteira responsabilidade pela própria sorte." Como escreveu Kant, "avalia-se a inteligência de um indivíduo pela quantidade de incertezas que ele é capaz de suportar". Isto tem tudo a ver com o indivíduo capaz de liderar em contextos de alta complexidade. É dessa "inteligência" que as organizações precisam.

Reflita comigo: o que está 100% sob seu controle? O que está 100% sob controle de sua empresa? Muito difícil apontar aspectos 100% sob nosso controle. Por vezes não conseguimos controlar sequer nossos pensamentos, sentimentos e comportamentos. Quantas vezes nos lamentamos por não ter dito, ou por ter falado demais, por escolhas mal feitas, por expectativas frustradas. Preste atenção neste ponto: nossa capacidade de ser autenticamente feliz não depende do quanto acertaremos "na mosca", do quão assertivos serão nossos projetos. É preciso se armar até os dentes para executá-los com disciplina e competência.

Mas as coisas — pelo menos em parte — sairão do controle e serão manifestadas de modo distinto do previsto. É provável que enfrentemos desapontamentos. E aí reside a essência da felicidade autêntica neste século: a nossa capacidade de lidar com desapontamentos, com o inusitado, o inesperado e, por vezes, o indesejado.

No centro disso está o papel do líder. Primeiramente, quanto à sua própria atitude: como reage perante acontecimentos não planejados? Como ele próprio lida com desapontamentos? Em segundo lugar, a partir de seu próprio exemplo, como prepara suas equipes para a incerteza, tanto do ponto de vista concreto — reservas, alternativas e contingências para enfrentar o "não-plano" — quanto do ponto de vista emocional e comportamental?

A gestão das empresas passa por duas variáveis fundamentais: *controle* e *previsibilidade*. Não há gestão sem controles, e em geral tudo o que precisa melhorar deve ser controlado, e o que controlamos tem sempre mais chance de melhorar. Os controles estão a serviço sobretudo da previsibilidade, ou seja, de possibilitar aos gestores uma visão antecipada de resultados a partir do arranjo de recursos — inclusive humanos — para viabilização de certo desafio.

Na "aritmética" dos gestores, a equação desejada pressupõe controles + previsibilidade = segurança. Ninguém pode ser contra isso, tampouco haverá organização bem-sucedida que abra mão dessa lógica. Todavia, a complexidade em que jogamos diariamente nossos papéis obriga-nos a adicionar uma dose profunda, fluente, criativa, inspiradora e provocadora de questionamentos sobre o nível de "segurança" em que estamos imersos. Líderes que engajam e inspiram no século XXI exercitam a si próprios e a seus líderes com reflexões para o "não-plano", perguntando-se coisas do tipo:

- E se não funcionar?

- E se não der certo?

- E se tudo for diferente? Como pode ser diferente?

- E se o mundo se tornar frontalmente refratário a nós?

- E se nossos recursos não forem suficientes, em qualidade e quantidade?

- E se nossos parceiros falharem conosco?

- E se perdermos todo apoio político que temos tido até aqui?

- E se não acreditarem mais em nós?

- E se o ambiente ao nosso redor se tornar fortemente hostil?

Traçar planos desafiadores. Provocar "libido corporativo" no time, no sentido do desejo e da vontade de concretizar os planos. Preparar uma execução impecável, com eficácia, eficiência e excelência. Preparar a si mesmo e ao time para lidar com o "não-plano", com desapontamentos e com a incerteza inerente ao jogo. Fugir do autoengano das "certezas" e evidenciar que os gênios deste século não são aqueles que sabem, mas sim aqueles que aprendem. Essas são as competências essenciais dos líderes que engajam e inspiram em contextos de alta complexidade.

Enfim, a verdade é que permaneceremos indefinidamente na incerteza. Não é uma questão de escolha, pois ela é inevitável. Para a maioria de nós, a incerteza dos acontecimentos é sempre mais difícil de suportar do que os próprios acontecimentos. Todavia, há beleza nesse estado de não saber. Como escreveu Oscar Wilde, *"é a incerteza que nos fascina. Tudo é maravilhoso entre brumas"*. A jornada humana foi e continuará a ser uma aventura completamente desconhecida. Que bom.

Instabilidade

Trabalhar com aconselhamento em processos de coaching e mentoring me trouxe um relevante aprendizado: as pessoas nutrem dentro de si a esperança de que "um dia" as coisas estarão "tranquilas". Um dia, quando finalmente eu tiver aquele emprego e aquele salário… Quando meus filhos crescerem… Quando meus filhos casarem… Quando eu comprar a casa própria... Quando eu estiver tranquilo financeiramente... Quando as coisas lá na empresa estiverem estabilizadas... Aí sim, depois disto tudo serei finalmente feliz. É quase como uma autorização definitiva para começar a viver. E qual é a grande surpresa? Este dia existe apenas em um lugar indefinido no futuro. Não chega nunca! Seguimos adiante com a vida "pendurada no cabide". Quando aquele dia chegar, recolheremos nossa existência suspensa para finalmente mergulhar na plenitude da experiência de estar vivo. Isso não parece divertido, obviamente.

É claro que esse lugar de "estabilidade" é uma miragem, uma grande ilusão. Mas você e eu sabemos como este autoengano nos entorpece. No fundo, sabemos que tal dia não existe, não existirá. Mas esperamos por ele. Será, enfim, aquele momento de calmaria, de um oceano tranquilo sem ondas. Naquele lugar estaremos seguros e no controle.

Não é possível optar por uma jornada "estável". Estar vivo é uma experiência intrinsecamente instável. Você não vai controlar os acontecimentos à sua volta, as pessoas não reagirão como você reagiria (ou esperaria que reagissem), o mundo vai conspirar, o tempo mudará várias vezes e nada — mas nada mesmo! — ficará no mesmo lugar. Tudo mudará. Nada será o mesmo e a competência chave nesse contexto chama-se *adaptabilidade*, hoje enaltecida em prosa e verso por organizações concentradas em viabilizar programas para desenvolvimento de suas lideranças atuais e futuras.

Na medida em que a instabilidade não é uma escolha, interessa às organizações entender como se comportam seus líderes em situações de alta pressão, bem como lidam com mudanças. Mais ainda, interessa identificar quais líderes podem ser agentes da mudança.

Ambiguidade

Nada tem um único significado. Tudo pode ser explorado em suas diversas percepções. Mas pense: nossas organizações estão acostumadas a lidar — e a procurar ativamente — todos os possíveis significados ao redor do que fazem e falam? Não é o que tenho testemunhado, especialmente neste mundo forjado pelas questões de múltipla escolha, em que "existe apenas uma resposta certa para cada pergunta". Entretanto, na vida real as perguntas são inúmeras e as possíveis respostas se multiplicam. É cada vez menor a frequência daquilo que podemos chamar de obviedade.

Houve um momento em que eu e você éramos "pontos de interrogação". Nossa atividade essencial era fazer perguntas. Então, fomos para a escola. Do ensino fundamental ao superior, nossa transformação básica foi de fazedores de perguntas para formuladores de respostas. E, por favor, de respostas certas! Mas qual é a reposta certa? Quantas possíveis respostas certas existem para cada desafio diante de nós? E o que faremos com todas elas? Escolher uma única resposta certa parece algo possível. Entretanto, como decidiremos caso estejamos diante de algumas respostas certas?

O mundo corporativo está viciado em respostas e não está muito a fim de perguntas. Todavia, como navegar na complexidade se abandonarmos o apreço pela busca da pergunta certa, antes de agarrarmos a primeira possível resposta certa? Mais ainda: pode existir algo mais perigoso do que encontrar a resposta certa para a pergunta errada?

Líderes que engajam e inspiram em contextos complexos estimulam seus grupos a explorarem os diferentes significados subjacentes a cada desafio. Mergulham seus times na exploração do visível e aparente até os níveis menos óbvios e superficiais dos temas sob análise.

A verdade é que nossos olhos são "pintores" e pintam o mundo apenas com as cores que possuem. Por essa razão os líderes precisam reunir ao seu redor pessoas com histórias de vida, estilos, motivadores, competências e experiências muito diversas. Liderar uma equipe multicultural e multifuncional contribui para olhar seus desafios com suas intrínsecas ambiguidades e diversidades.

Não vamos nos esquecer de que a ambiguidade vem junto com o pacote de incertezas e instabilidades, e vice-versa. O que, evidentemente, torna tudo muito mais "divertido". É natural que em situações drasticamente incertas e instáveis os olhos fiquem embaçados. Nossa capacidade de escolher e decidir cai para níveis críticos, exatamente pela ambiguidade inerente a esses contextos. Há múltiplas questões, com múltiplas escolhas, e várias delas podem estar certas. Ou não.

Para organizações com cultura clara, decidir pode ser menos tenebroso, ainda que em contextos altamente complexos. Isto porque há mais pistas para escolher e decidir quando se tem um propósito claro, valores que direcionam comportamentos e pessoas alinhadas com esse propósito, com os valores e com os comportamentos que reforçam a cultura. De modo inequívoco, líderes que engajam e inspiram fortalecem a cultura organizacional e dela se tornam símbolos a partir da linguagem que empregam e do modo como agem diariamente. Líderes que são exemplos da cultura de uma empresa e sua maior expressão reforçam os contornos que parametrizam possíveis ações, inclusive diante de crises e situações difíceis.

Nosso grande inimigo, todavia, é a pressa para decidir e escolher, é a rapidez com que catamos a resposta com os dez dedos das mãos, como um grande prêmio, em tempos em que o verbo "executar" se tornou sinônimo de "liderar". Pergunto: é compatível esse hábito com situações complexas, cada vez mais comuns nas mesas dos líderes? Definitivamente não. E podemos aprender algo a esse respeito com uma história emblemática.

Em seu livro *Sonho Grande,* a jornalista Cristiane Correa descreve a trajetória dos fundadores do Banco Garantia e atuais controladores da InBev. Poucos momentos na história desses empreendedores foram tão singulares quanto a compra da Budweiser. Diante de um "papagaio" de mais de US$50 bilhões empenhados naquela aquisição, o trio de brasileiros foi pego — assim como o resto do mundo — pela crise financeira nascida nos EUA e exportada instantaneamente para o resto do planeta. Novamente, é nas palavras de Jim Collins — autor do prefácio da referida obra — que tiramos um relevante aprendizado de como navegar em oceanos de profunda complexidade:

Em épocas de incerteza e caos, as pessoas muitas vezes querem agir o mais rápido possível, como se isso fizesse a crise ir embora. O conselho da AB InBev seguiu uma filosofia diferente: entendam quanto tempo vocês têm para tomar decisões, usem esse tempo para tomar as melhores decisões possíveis e mantenham a calma. 'Claro que é da natureza humana querer fazer com que a incerteza vá embora', disse um deles. 'Mas esse desejo pode levá-lo a agir rápido, às vezes rápido demais. De onde eu venho, você logo percebe que a incerteza jamais desaparecerá, não importa quais decisões ou ações tomemos. Portanto, se temos tempo para a situação se desenrolar, dando-nos mais clareza antes de agirmos, aproveitemos esse tempo. Claro que, quando chega a hora, você precisa estar preparado para agir com firmeza'.

Polaridade

Estamos acostumados a viver e a experimentar um mundo fragmentado. Nosso modo de escolher é binário. Nosso hábito é fazer escolhas do tipo "ou isso ou aquilo". Mas o efeito aritmético desse hábito é dividir e reduzir, ao contrário da sabedoria do "e", capaz de elevar exponencialmente nossas possibilidades.

A essência da alma humana, todavia, é ser "una". Mas a experiência do corpo, por outro lado, é ser "dual". Existe o mundo de um lado, e você de outro. Existe o outro, e existe você. Cada contato com a vida serve como expressão dessa dualidade, o que nem de perto enseja o modo de expressão da alma, pois esta é "uma com o todo". Não existe o mundo e ela, não existem as demais almas e ela. Quando você a encontra, depara-se com o universo inteiro. Quando se põe a procurar, ela já achou, pois tudo está "coagulado" à sua órbita, não sendo possível saber onde ela começa e onde termina o universo, onde este começa e onde ela encontra seu fim.

Um mundo fragmentado é um mundo em pedaços. E nossa forma de aprender — e de nos relacionar conosco, com o outro e com tudo à nossa volta — é juntar pedacinhos e criar para eles algum significado.

Esse é o trabalho da mente racional, nosso filtro e julgamento do que serve ou não, do que é bom ou não, do que é belo ou não, do que é certo ou errado. E o resultado passa pela perda de possibilidades, pela redução de nosso campo de visão e ação. Para viver a complexidade é preciso reduzir a fragmentação à nossa volta. Lidar com polaridades é um caminho nessa direção.

Imagine, por exemplo, um grupo de engenheiros da Embraer trabalhando em um novo modelo de avião. Durante uma calorosa discussão, alguém se vira para o grupo e diz:

— *Pessoal! Não vamos mais perder tempo. Temos que fazer uma escolha clara: ou fabricamos um avião econômico, ou fazemos um que voa rápido. Não podemos escolher as duas coisas!*

Você pode imaginar uma conversa dessas? Acredita que uma barbaridade dessa altitude pudesse ser levada a sério? Um exemplo desses deixa evidente a impossibilidade de se decidir com o "ou" em meio à frase.

Compreender as polaridades exige que saibamos antes de tudo reconhecê-las. Uma verdadeira polaridade será sempre aquela em que encontraremos pares de polos opostos, porém interdependentes. Não há como dizer que existe um polo "bom" e outro "ruim", um "certo" e outro "errado". Por exemplo, qual seria o polo oposto à *estabilidade*? Se respondeu *instabilidade*, você acabou de invalidar a polaridade. Mas se sua resposta foi *mudança*, então temos aí uma boa polaridade para trabalhar. De igual modo, *trabalhar em time* e *trabalhar individualmente* são dois polos interdependentes que compõem uma importante polaridade, assim como *centralizar* e *descentralizar*, *informação compartilhada* e *segurança da informação*, *respeito à tradição* e *necessidade de inovar*, entre outras.

Gerir polaridades está no centro das competências dos líderes que engajam e inspiram pessoas em meio à complexidade. Tais líderes estimulam suas equipes a identificar as polaridades-chave com que lidam e, em seguida, exercitam a substituição do "ou" pelo "e", ampliando o leque de possibilidades de visão e ação. Ao trabalhar o "e" entre os dois polos, as perguntas pertinentes são:

- Como podemos agir de modo a capturar as vantagens dos dois polos?

- Como podemos identificar antecipadamente sinais relativos às desvantagens dos dois polos?

No mundo corporativo, lidar com polaridades é uma necessidade. O mundo do "ou" simplesmente se inviabilizou. O significado inclusivo e multiplicativo de opções por trás da partícula "e" é gênero de primeira necessidade para a liderança.

Incompletude do saber

Será suficiente nosso repertório de informações e conhecimentos diante de tanta incerteza e instabilidade? Estamos aptos para lidar com ambiguidades e polaridades?

O século XXI deu-nos apenas uma dica de sobrevivência: para navegar neste mundo, estará mais preparado aquele que aprender continuamente, e não aquele que achar que já sabe. Escreveu Leonardo Da Vinci: "Pouco conhecimento faz com que as pessoas se sintam orgulhosas. Muito conhecimento, que se sintam humildes. É assim que as espigas sem grãos erguem desdenhosamente a cabeça para o Céu, enquanto que as cheias as baixam para a terra, sua mãe."

Lembro-me, nos anos 1990, de ouvir uma entrevista de Peter Drucker, na qual defendia que os norte-americanos entrassem na faculdade para nunca mais sair, exatamente para se manterem em contínua aprendizagem. Imagine isso: você ingressa em algum curso superior, e ele nunca termina. Particularmente, sonho com o dia no qual as pessoas entrarão nas universidades e criarão seus próprios cursos de graduação: escolherão livremente em todo o campus as aulas mais incríveis dos professores mais apaixonados e brilhantes.

Inovar é uma necessidade imperiosa. E todas as vezes em que as melhores empresas falam sobre o tema o que está subjacente é a inovação radical, também chamada de disruptiva. Ao contrário da inovação residual (ou incremental), inovar de modo radical pressupõe romper o que se conhecia até então sobre aquele produto, serviço, modelo de negócio ou gestão. A inovação residual enseja melhorias contínuas, enquanto que a radical abre caminhos para novos mercados em "oceanos azuis", em que a lógica é a não-competição, na medida em que a concorrência ganha irrelevância.

Um modo disruptivo de inovação assemelha-se a uma viagem ao futuro, exatamente para antecipá-lo. É comum esperar que em desafios como esse encontremos pela frente dados e fatos para os quais não temos registros anteriores, ou seja, situações que não guardam conexão com nenhum aspecto armazenado em nosso repertório de informações e conhecimentos. Em circunstâncias desse tipo, a disposição e o interesse para aprender são essenciais. A capacidade para lidar com o desconforto do não-saber é a salvaguarda comportamental necessária para enfrentar a resistência natural em contextos assim. Um espírito de aprendizagem contínua e uma busca permanente pelas melhores perguntas — que nos conduzirão em algum momento às melhores respostas — deixam-nos mais à vontade para o "não saber ainda". O desejo por viver os maiores e melhores propósitos da organização reforçam a "membrana" que nos protegerá da resistência à mudança.

Portanto, nosso saber é incompleto e profundamente insuficiente para enfrentar toda a complexidade em que nos movemos. Aprender ganha prevalência sobre o saber. Os líderes que engajam e inspiram sabem disso, e não parecem desesperados por não saber muita coisa além desta.

Mudança e transição

Já ouvimos diversas vezes a referência a pessoas e organizações em processos de transformação. De igual modo, com frequência ouvimos as palavras *mudança* e *transição* associadas a tais processos. Mas quais são seus significados? Quando vivemos uma e quando experimentamos a outra?

Pense na empresa na qual trabalha. Muita coisa se transforma por lá. Quando isso ocorre, todos vivem mudanças, assim compreendidas por tudo aquilo que ocorre externamente aos indivíduos. Mudam sistemas, processos, layout e políticas, novas ferramentas e metodologias são introduzidas, recursos são substituídos e novos talentos são atraídos. Novos produtos e serviços são demandados e outras tecnologias substituem as atuais. Ou seja, a organização e as pessoas que nela trabalham vivem mudanças e são desafiadas — muito mais vezes do que gostariam — a evidenciar sua capacidade de adaptação.

Ocorre, porém, que todas essas mudanças testarão os indivíduos em relação a seus valores, hábitos e crenças. Aspectos importantes do que valorizavam estarão sob ameaça. Comportamentos aos quais se habituaram serão questionados. Ideias fortalecidas pela repetição de atitudes e resultados desafiarão conceitos nos quais sempre acreditaram. Ou seja, tais mudanças forçarão as pessoas a vivenciarem transições, isto é, a ampliarem a consciência sobre os impactos que essas mudanças geram em seus pensamentos e sentimentos.

Será sempre mais penoso viver transições para aqueles desacostumados de si mesmos, com baixo nível de intimidade com seus pensamentos e sentimentos e sem qualquer prática de autoconhecimento. Revisitar seus valores, rever hábitos e desafiar algumas crenças serão experiências torturantes. Por essa razão, é bem provável que tais indivíduos engrossem a fileira dos últimos a aderir, dos mais resistentes a se adaptar. Por que resistem à mudança? Muitas vezes a dificuldade está em viver a transição. Mas como estão mergulhados na escuridão de si mesmos, sequer sabem que precisam fazer a transição, ou seja, não estão conscientes de que precisam viver todo aquele conjunto de transformações dentro delas.

Por outro lado, para aqueles já iniciados no processo de autoconhecimento esses desafios serão parte de um *script* já conhecido. Caminhos de elevação de consciência colocam as pessoas geralmente em saudáveis confrontos consigo mesmas. Luz e sombra são convidadas a se integrar a cada novo passo. Amadurecimento emocional e senso de responsabilidade por suas ações e escolhas são consequências esperadas nesse processo.

Nem toda mudança é boa. Nem tudo que muda é para melhor. Por isso existirão críticos e opositores à mudança. Ocorre, todavia, que há contextos em que a resistência — e a perda decorrente de velocidade para mudar — residem no baixo nível de autorreflexão das pessoas, que não conseguem perceber a dimensão pessoal e emocional dos impactos que as mudanças lhes causam. A única resposta que oferecem é sua oposição.

Não sem motivos, autoconhecimento é esperado das lideranças que engajam e inspiram, como já dissemos. Desenvolver líderes que engajam e inspiram passa por fomentar a ampliação de consciência para si próprios, para os outros ao seu redor e para tudo que os cerca.

Grandes mudanças ensejam significativas transições, razão pela qual se pode esperar um aumento exponencial das dificuldades para fazê-las acontecer. Um chamamento de atenção para os líderes — especialmente para aqueles à frente das transformações — deve ser dirigido aos que possuem o que se convencionou chamar de "talento social" diferenciado. Estamos nos referindo aos indivíduos cujo posicionamento mais afeta os outros. Independentemente de idade, competência funcional, gênero, credo e grau de instrução formal, são pessoas especialmente talentosas em influenciar as demais. São habilidosas em construir vínculos interpessoais, bons comunicadores, vendem bem suas ideias, usam — sempre que necessário — dados e fatos mais técnicos para robustecer suas teses e colocam sua capacidade de persuasão a serviço do que acreditam valer a pena.

Líderes no papel de agentes de mudanças terão dificuldade para engajar e inspirar pessoas no novo caminho caso ignorem o papel dessas pessoas a favor ou contra a mudança. Em toda organização encontraremos pessoas isoladas, que preferem não se envolver, sem vínculos sólidos e dispostas a não opinar, seja em que direção for. Elas terão maiores dificuldades em galgar postos de liderança, a não ser aqueles eminentemente técnicos e que não demandam gestão pessoal. Há aqueles que atuam em "panelinhas", como grupos de isolados, indivíduos que convergem apenas em um forte aspecto: não se interessam, não querem se envolver e guardam com a empresa uma relação utilitarista ("assim como a empresa faz conosco", diriam eles). Há pessoas que curtem estabelecer pontes entre pessoas, conectá-las e construir elos. Algumas são especialmente procuradas pelos colegas, são bons ouvintes, transmitem confiança e evidenciam algo próximo de uma sabedoria inata. São as pessoas que gostamos de ouvir em situações de crise, confusão e forte pressão. Como liderar a mudança sem levar em conta o papel destes atores? Talvez eles devessem estar em algum tipo de "radar" especial dos líderes. Engajar e inspirá-los em primeiro lugar talvez desequilibre favoravelmente a mudança. De igual modo, em paralelo aos grupos formais (áreas, departamentos e times reunidos formalmente pela organização) existem os chamados grupos informais, que se originam por iniciativa própria de pessoas que comungam de interesses comuns — ou de características semelhantes quanto a idade, preferência sexual, crença religiosa e demais aspectos sociais e culturais. Impossível ignorar um aspecto como esse, inerente à dinâmica organizacional.

Quanto maior for a mudança, mais receio surgirá. O líder será por vezes surpreendido pelo medo que parte de seu time mais direto exibirá diante da mudança. E o que fazer? Bem, é preciso expressar coragem e estimular essa virtude entre a equipe. Mas do que estamos falando?

Em minha experiência como consultor tive um aprendizado especialmente relevante a esse respeito: o significado da expressão "líder corajoso". Do ponto de vista de sua origem, a palavra coragem vem de *cor*, coração em latim. Desse modo, seu significado original servia para designar o comportamento daqueles que falavam a partir da verdade de seu coração. A associação com outra palavra de igual força — autenticidade — é imediata.

Testemunhei resultados extraordinários sempre que o líder à frente da mudança falava de modo franco e direto, não dissimulava sacrifícios, não camuflava sentimentos e não disfarçava sua própria vulnerabilidade quando o contexto assim o impactava. Francamente, testemunhei de modo inequívoco como líderes com este comportamento engajam e inspiram com muito mais consistência.

A despeito de todo efeito positivo de conversas corajosas, ainda assim restará nas pessoas algum receio com relação ao que pode dar errado, sobretudo se estiverem diante de mudanças profundas. São pessoas abertas ao que está por vir e não são contra a mudança, mas estão receosas e, por essa razão, ainda não totalmente engajadas. Para que tal coisa ocorra, tenho recomendado aos líderes três passos: *1) identifique as vantagens; 2) adicione vantagens; 3) amplie a precaução.*

O primeiro passo exige um olhar "para dentro de casa", para identificar o que já existe de concreto dentro da organização e que favorece e facilita a mudança desejada. Aspectos da cultura, competências organizacionais, a qualidade dos talentos, a força da marca, presença geográfica, comunicação, recursos, políticas e processos são exemplos de fortalezas já instaladas e com características facilitadoras para o que se pretende mudar. É o instante em que a liderança chama atenção para "o que já temos" e para tudo aquilo que favorece o caminho escolhido. Ampliar a conscientização para tais pontos reforçará a confiança de todos.

Adicionalmente, sempre recomendo uma reflexão entre o líder e seus diretos sobre tudo aquilo que pode se somar às vantagens já existentes, ou seja, quais outras competências, políticas ou recursos podemos trazer — ou rearranjar — de modo a ampliar o que favorece a mudança em curso. Podemos reorganizar uma parte das equipes e desenvolver ações de comunicação focadas em reforçar aspectos que fomentam a mudança. Podemos reservar mais recursos, mudar alguns processos, reescrever algumas políticas e instituir rituais de gestão com o intuito de ampliar nossas vantagens na direção da mudança pretendida.

Identificadas e ampliadas as vantagens para a mudança, o que podemos fazer a mais? Há um terceiro passo que, na minha experiência, faz toda a diferença para engajar e inspirar aqueles ainda inseguros e hesitantes: ampliar a precaução. Mudanças significativas guardam inevitáveis surpresas. Fica sempre no ar um certo sentimento de "isso não vai funcionar", de que muita coisa pode dar errado, de que ainda não conseguimos ter a exata dimensão do que estamos falando.

Em vários projetos de gestão da mudança estimulei meus clientes a aumentar precauções, por exemplo, por meio do que chamo de "memória do futuro". Líder e sua equipe direta refletem sobre todas as possíveis ocorrências críticas que poderão vivenciar quando da "virada de chave", ou seja, no processo efetivo da mudança pretendida. Posteriormente, envolvem a média gerência nessa reflexão, ampliando o leque de possíveis acontecimentos que poderão emergir. Em seguida, meu estímulo a eles é de simular tais ocorrências críticas potenciais. Alta e média lideranças — envolvendo áreas de operação e suporte, quando necessário — simulam aqueles contextos, como se estivessem de fato acontecendo. A experiência é lúdica, evidentemente, o que estimula ainda mais a todos. Mas seu efeito principal é criar um tipo específico de registro emocional e racional nas pessoas, isto é, uma memória daquilo que ainda não ocorreu (e que não desejamos que ocorra). Vivenciar tais ocorrências — mesmo que de modo simulado — cria na liderança e nos demais envolvidos um tipo de "membrana" resistente, um registro anterior de pensamentos, sentimentos e atitudes a serem disparadas diante daqueles eventos. Processos e políticas são revisados e melhorados. Um sentimento maior de prontidão para a mudança eleva a confiança. As vantagens já existentes foram identificadas, novas vantagens foram adicionadas e medidas para ampliar a precaução foram delineadas. O resultado será maior engajamento com a mudança.

Como vimos, incerteza, instabilidade, ambiguidade, polaridade, incompletude do saber, mudança e transição são elementos inerentes à complexidade. O êxito dos líderes que engajam e inspiram passará de modo inevitável pela forma como lidam com esses desafios.

Ostra feliz não faz pérola

No senso comum, quando descrevemos as características das empresas onde as pessoas são felizes para trabalhar, tem-se a impressão de um grupo de indivíduos alegres, divertidos, descolados, descontraídos, muito à vontade, sem estresse e pressão de qualquer natureza. Meu sincero conselho a você: não caia nesse engodo!

Felicidade no trabalho está diretamente ligada ao potencial para se aprender e evoluir, em uma empresa cujo crescimento abre espaço crescente de oportunidades. As pessoas crescem e ganham junto com a empresa. A expansão da organização, por sua vez, depende de seu grau de inovação, de sua capacidade de criar mercados, antecipar demandas, ter uma gestão eficaz e eficiente, bem como uma relevante diferenciação em seus produtos, serviços e modelos de negócio. A parte menos óbvia da conversa, entretanto, é que a inovação depende de certos aspectos comportamentais para acontecer: inquietação, inconformismo, incômodo, insatisfação e desconforto.

Como conciliar tais elementos com um comportamento feliz? Tratamos aqui de uma questão chave: um ambiente próspero para os negócios depende de inovação, e esta "bebe na fonte" das pessoas que acreditam que tudo pode ser mais do que é, que ainda "não chegamos lá", que as coisas podem ser diferentes para melhor e que não há limites para a vontade e o desejo. Relaciono sempre esse aspecto ao que tenho chamado de "libido corporativo".

Pois bem. Esse conjunto de coisas dispara por vezes um comportamento marcado por inquietude. As pessoas que puxam a agenda mais inovadora na organização esboçam um ar de insatisfação com o que veem, um incômodo em aceitar que tudo continue como está, um inconformismo em imaginar que amanhã será exatamente igual a hoje, um desconforto com frases do tipo "isso não vai funcionar aqui", "sempre fizemos desse modo", "nunca fizemos isso aqui antes". Tais indivíduos "empurram" o teto para cima, evidenciam limites mais arrojados para ambicionar e escancaram novas oportunidades. Estar com eles por vezes não é agradável. Ouvir suas reações críticas ao que fazemos — e como fazemos — nem sempre é prazeroso. Mas qualquer organização que se pretenda competitiva e bem-sucedida não pode prescindir desses indivíduos.

Rubem Alves, o maravilhoso escritor, poeta e contador de casos tem um conto que ilustra bem esse ponto ao lembrar a razão pela qual nem todas as ostras fazem pérolas. As que fazem pérolas vivenciaram a dor e o desconforto de um grão de areia que as invadiu. Essa intromissão machuca e causa incômodo. Em resposta, a ostra produz a pérola. Por esse motivo a frase tão expressiva e ilustrativa daquele escritor: ostra feliz não faz pérola!

Não tenho dúvida de que ambientes fortemente inovadores — que abrem espaços de oportunidade, crescimento e realização para seus profissionais — dependem de uma razoável intensidade de uma saudável inquietação. Isso desmonta o estereótipo que guardamos a respeito de lugares "felizes" para se trabalhar.

A ilusão do ambiente amigável e sem divergências

Ichak Adizes escreveu um livro chamado *O ciclo de vida das organizações*. Na obra, há um capítulo interessante que trata de empresas que vivem uma etapa em seu ciclo de vida chamada de *aristocracia*. Nessa fase as pessoas vivem no trabalho relações próximas a um grande clube de amigos: não há divergências, todas mantêm ótimos relacionamentos e os conflitos são evitados a todo custo. Excelente, desde que isso não represente um forte sinal de que a empresa está decadente e envelhecendo (às vezes precocemente). A organização perdeu seu vigor empreendedor, sua criatividade, sua "libido". Não há desejo e vontade por algo mais e maior. Não há porque brigar. Não há causas relevantes pelas quais valha a pena se envolver ardentemente. As pessoas se desconectaram do propósito — e se manterem amigas num ambiente saudável se tornou o propósito. A empresa começou a morrer e não se deu conta.

É claro que ninguém em sã consciência pode abrir mão de ambientes respeitosos e de relações significativas (falaremos mais sobre essa questão no capítulo 3). Um clima agradável é — e continuará a ser — uma importante forma de atrair e manter pessoas engajadas. Mas isso não pode acontecer às custas do vigor empreendedor, de sua força competitiva, da capacidade de criar e inovar, da vontade e do desejo de concretizar um sonho grande. Não se escreve uma história consistente de sucesso sem ponto e contraponto, sem tese e antítese, sem pensamento divergente, sem questionamento profundo, sem que as pessoas discordem rapidamente — e muitas vezes — antes de pavimentarem um caminho convergente de pensamento e ação. Não se vive uma jornada bem-sucedida sem pessoas dispostas a lutar por suas ideias, travar boas batalhas de corpo e alma, sentindo-se vinculadas a um projeto que é maior do que elas individualmente.

Por vezes, ambientes felizes são confundidos com a plácida calmaria da concordância fácil, da platitude dos diálogos vazios, da falsa virtude dos consensos construídos no comodismo e na incapacidade em pensar diferente. Isso até pode engajar as pessoas no início, mas não se mostrará sólido e consistente, porque a estratégia e os resultados evidenciarão insucesso. Uma jornada exitosa passa menos pelos conflitos que evitamos e mais pelo sentido e profundo significado que damos para nossas conversas difíceis e corajosas — com o coração. No final do dia, tudo o que fizemos — e toda batalha travada — deve estar a serviço de um propósito maior, pelo qual vale a pena se engajar.

02

Trabalho Não É Castigo

No capítulo 1, vimos que trabalho não é lazer ao desmistificarmos o senso comum sobre felicidade no trabalho e ambientes felizes. Por outro lado, também não se deseja que o trabalho seja um castigo, uma punição. É sobre isto que falaremos um pouco mais agora, com subcapítulos focados nos tipos de problemas relacionados ao trabalho, em diferentes aspectos.

Equilíbrio entre vida pessoal e vida profissional

Alguém tem dúvida de que trabalharemos cada vez mais? Alguém acredita que chegará o dia em que as pessoas terão jornadas mais leves em seus trabalhos? Podemos creditar à tecnologia um mundo mais fácil, menos penoso e por isso mais suave?

O efeito mais imediato da tecnologia foi permitir que trabalhássemos mais: no trânsito, no banheiro, nas férias ou no restaurante com nossos filhos. Faz tempo que estamos conectados por completo, pelo menos enquanto estamos acordados. A sensação é a de trabalhar mais, e não de uma vida mais equilibrada. Aliás, não é à toa que uma das questões mais prementes nas organizações seja o famigerado equilíbrio entre vida pessoal e profissional.

Tenho sido, todavia, uma voz dissonante nessa conversa. Minha experiência como consultor de carreira e executivo de RH trouxe-me uma certeza incômoda: há muita incoerência em relação a esse assunto. Entre os que se queixam, boa parte consulta os e-mails nos smartphones assim que chega em casa, mal dando tempo para um afetuoso "olá" para a família. Correm para suas caixas de entrada antes de um olhar verdadeiro de "oi, eu te amo" para seus filhos. Mas quando respondem a pesquisa de clima feita pela empresa, geralmente reclamam que não têm tempo para a vida pessoal. O que está por trás disso?

É óbvio que trabalhar muito cansa, exaure e por vezes reduz o tempo de convívio com pessoas queridas — ou simplesmente com atividades de interesse pessoal. Mas não creio que esse seja o ponto central da questão. Não acredito que o problema esteja na aritmética de horas investidas no trabalho versus as horas investidas em assuntos de vida pessoal. Vamos falar um pouco mais a respeito.

Saí da Natura em 30 de junho de 2011. Meu sentimento era de dívida: sentia-me em falta com esposa e filhos. Precisava eliminar aquele deficit. Encontrei o que me parecia ideal para saldar meu débito emocional com eles: enfiei todo mundo num avião no dia primeiro de julho daquele mesmo ano, para uma viagem ao exterior de 26 dias.

Numa certa manhã, ao repetir minha rotina de ser o primeiro a acordar e de despertar a todos alegremente da cama — com o roteiro do dia anunciado com entonação e estilo de monitor de animação — percebi algo revelador. Era o décimo dia de viagem. Ao acordar, Lívia — minha filha, então com 8 anos — toda descabelada e zonza de sono, olhou-me com certa angústia e perguntou:

— *Pai, quantos dias faltam para acabar a viagem e voltarmos para casa?*

Fiquei congelado. Não sabia o que responder. Não pelo motivo de ter esquecido quantos dias faltavam, ou por ignorar a aritmética básica da subtração entre 26 menos 10. Meu problema era a tradução simultânea que meus olhos e ouvidos faziam do que a Lili de fato me perguntava naquele instante:

— *Pelo amor de Deus, pai... quantos dias faltam para acabar esta tortura? Quantos dias ainda teremos que aguentar você?!?!*

Não tinha dúvida de que essa era a melhor expressão do sentimento dela naquele momento. Aquele olhar de "não estou mais aguentando você" me torturou pelo resto do dia. E da viagem. Mas tirei um importante aprendizado daquela experiência.

É muito comum em todos nós a sensação permanente de estar em dívida. Estamos sempre devendo emocionalmente algo a alguém. Não quero entrar no mérito das dívidas em si. Algumas existem de fato, outras são projeções de nosso inconsciente. Seja qual for a explicação, o aspecto relevante é a maneira como resolvemos a questão: com uma planilha excel nas mãos, ou seja, com uma "contabilidade emocional" imaginária que distribui horas de atenção entre setores da vida pessoal e profissional. Preciso de x horas com ele... Preciso de y horas com ela... Preciso estar com eles por z dias... E assim gerenciamos nosso movimento contábil: débitos para um lado, créditos para outro.

O que há de errado nisso? O ponto central aqui é o seguinte: a lógica das relações não conhece contabilidade, tampouco o excel. Não é possível compensar horas fazendo contas. A sensação de equilíbrio nos relacionamentos interpessoais de qualquer tipo depende de uma variável decisiva, mais importante do que nossa capacidade para lidar com as operações básicas da matemática: nosso nível de presença. Explico.

Você já esteve diante de alguém que olhava para você, mas não o enxergava? Que olhava "através" de você? Que ouvia o que dizia, mas não escutava? Que estava lá somente com o corpo e a alma em algum outro canto? Eu conheço sua resposta: "sim, várias vezes". Em vez de uma presença plena e intensa, quantas vezes oferecemos a nós e aos demais nossa mais retumbante ausência? Mais do que deveríamos, infelizmente. Estamos ali, mas só em parte.

Testemunhei inúmeras vezes — inclusive com a Lili — o enorme valor de uma presença verdadeira, intensa e empática, cujos efeitos não se comparam com horas e horas de companhia regada a ausência e desconexão. Estaremos sempre distantes do equilíbrio desejado nas relações quando nossa resposta for tão somente aritmética, desprovida de atenção sobre a intensidade de presença que somos capazes de oferecer — a nós mesmos e aos outros.

Assim, o começo da conversa sobre equilíbrio de vida pessoal e profissional passa — em primeiro lugar — pelo exercício da presença.

Sentimento de incoerência e inadequação

Nosso nível de presença nas relações constrói confiança. O oposto também é verdadeiro: nossa ausência diminui a capacidade de confiarem no que falamos e fazemos.

Meus anos de experiência com aconselhamento ensinaram-me a perceber quando as pessoas usam a história de desequilíbrio entre vida pessoal e profissional para esconder — de si mesmas, em primeiro lugar — uma dura realidade. Um forte sentimento de incoerência e inadequação permeia seus olhares, narrativas e movimentos: elas não estão bem com suas escolhas de vida e carreira. Sem que se deem conta, o maior incômodo que expressam é por não estarem satisfeitas com os caminhos que escolheram até aqui. É algo que alimenta, diariamente, uma sensação difusa de não estar nem cá nem lá, de não pertencer, de estar deslocado, de estar em algum tipo confuso de contramão.

Não se fica muito tempo imerso em tal desconforto sem que algum tipo de crise apareça. Demissão, problemas financeiros, feedback ruim numa avaliação de desempenho, separação, desencontros e desentendimentos em nossas relações desenham quadros críticos. Por outro lado, com o tempo, tudo isso revelará alguma vantagem, desde que utilizemos a crise como modo de ampliar a consciência sobre a qualidade de nossas escolhas de vida e carreira, bem como para seu maior — ou menor — alinhamento com nossos maiores valores e propósitos. A pior resposta possível, todavia, será aquela em que recorreremos à ilusão da contabilidade emocional medida em horas.

Desalinhamento com a organização em valores e propósito

Poucos sofrimentos são tão intensos quanto estar em um lugar com o qual não nos identificamos. É ruim demais trabalhar numa organização sem um sentimento de pertencimento. Isso sim é castigo!

No momento em que você lê estas linhas pessoas chegam e saem de seus empregos sentindo-se violentadas por coisas que testemunham e escutam dos demais. Trata-se de um conjunto de linguagem e atitudes que agride seu código interno de valores. "Isso não poderia ser tratado dessa forma", diz você em seus diálogos internos, várias vezes. Reflexões do tipo "eu nunca faria isto desse jeito" ou "eu nunca falaria dessa forma" são sinais mais do que evidentes de que você perdeu — se é que algum dia teve — a identidade com aquele lugar e com aquelas pessoas. Você não se sente alinhado com os valores vividos ali.

Um sistema de valores — tanto individual quanto organizacional — hierarquiza tudo aquilo importante para nós, elementos que não estamos dispostos a negociar, abrir mão. Todo sistema de valores orienta comportamentos, estimula certa linguagem e norteia a maneira como agimos e fazemos nossas escolhas — na vida pessoal e na profissional. Para as organizações, os valores sinalizam os comportamentos que se deseja estimular em seus colaboradores, sobretudo quando precisam se relacionar entre si, com clientes, fornecedores, governo, comunidade e demais *stakeholders*.

De igual modo, posso enxergar em meu trabalho — no ambiente nas pessoas e nas minhas atribuições e responsabilidades — um conjunto que me põe em contato com uma sensação maior do que trabalhar: viver um propósito. Não é só um emprego, uma ocupação que gera renda, mas também algo que me mobiliza com sentido.

Quer aplicar-se um bom teste a esse respeito? Note como você fala de seu trabalho com amigos e parentes. Quais referências emprega quando o assunto é seu trabalho, suas tarefas, os colegas com quem interage, o ambiente e a liderança. Desfilar críticas a todos esses aspectos pode ser parte de nossas projeções inconscientes, expressão de nossa insuficiência de autoconhecimento, o que nos faz de vítimas aos nossos próprios olhos, cercados de algozes por todo lado, pessoas que não reconhecem nosso valor e contribuição. Mas isso pode significar, também, outro sinal de desalinhamento. Viver aquela realidade com aquelas pessoas não me preenche, não me nutre com algo capaz de ampliar caminhos para as melhores expressões como pessoa e como profissional.

Evidências do comportamento não-engajado

Sentir-se desequilibrado entre vida pessoal e profissional, sentir-se na contramão, não estar de bem com suas escolhas de vida e carreira e não se enxergar alinhado com a organização em valores e propósitos dificilmente produzirá um resultado diferente deste: comportamento não-engajado.

Um dos impactos mais evidentes desse comportamento refere-se à perda do que podemos chamar de *sentimento de urgência*. Torna-se cada vez mais escassa a energia emocional, o vigor, a vivacidade e a determinação dirigida a um objetivo. A resiliência torna-se menor: qualquer ocorrência causa enorme desânimo, derrubando o indivíduo. É cada vez mais difícil lidar com imprevistos, com situações inesperadas, pois tudo engrossa uma ladainha lamuriosa e chorosa.

Há uma crescente perda do *sentimento de foco*. A pessoa não se vê concentrada, imersa, dedicada e com atenção fortemente dirigida ao que faz. O tempo se arrasta e a relação com o relógio é minuto a minuto. O presenteísmo torna-se dura realidade: o indivíduo não falta ao trabalho, mas seu nível de presença é mínimo. Seu desencanto, distanciamento e desinteresse fazem dele um ausente, apesar de fisicamente presente.

Para pessoas envolvidas em tais situações, a atitude mais comum é de "economia" de recursos pessoais. Seu diálogo interno costuma ter coisas do tipo "eu poderia resolver isso, mas não quero", "eu sei resolver essa questão, mas não estou a fim", "eu poderia ajudar, mas por que faria isso?". Competências pessoais e funcionais são sonegadas, omitidas e economizadas pois falta um porquê, uma razão significativa para se mover. Perdeu-se o sentimento de entusiasmo, a sensação de felicidade, a vontade de pôr energia. Não há mais aquele estado emocional da paixão. São contextos como esses que evidenciam ainda mais a importância de líderes capazes de engajar e inspirar uma vez mais suas equipes.

Ambientes ruins no trabalho

Pense por ambiente ruim aquilo de mais amplo que você possa qualificar como negativo. Condições inadequadas das instalações físicas, falta de recursos básicos para cumprimento das tarefas, falta de clareza quanto às atribuições individuais, relações desgastantes com clientes e fornecedores, desentendimentos internos, práticas antiéticas na relação com o poder público — enfim, pense como essas e outras características fazem de algumas organizações a simulação mais fidedigna do inferno. O que esperar de um lugar assim para se trabalhar?

Francamente, não há motivo para nos alongarmos mais neste assunto. A antítese do que se espera de um ambiente de trabalho é evidente, e só alguém buscando a autopunição e a autossabotagem seria capaz de se manter empregado ali, desvinculado de tudo e de todos. Poucas relações são tão claramente "perde-perde" quanto essas e, não raro, tais ambientes levam pessoas ao estresse e esgotamento — não apenas físico, mas também emocional.

A percepção de injustiça

Uma grande adversária do engajamento é a percepção de injustiça dentro da empresa, sobretudo em relação aos temas que impactam as pessoas. A maneira como recrutamos, selecionamos, reconhecemos, recompensamos, avaliamos, promovemos e demitimos pode gerar nos indivíduos a sensação de que existe algo de errado no sistema pela forma distorcida com que esses processos são aplicados na prática.

Em tese, todos esperam que o que vale para um, vale para todos. Normas e procedimentos estão lá para orientar a conduta de todos, do mesmo modo. Espera-se uma responsabilidade compartilhada quando falamos de ética, princípios de relacionamento e comprometimento com os melhores resultados para a organização. Todos esperam usufruir dos ganhos. Em iguais contextos de competência e desempenho, todos anseiam crescer e ter reconhecimento. Porém, tudo se complica quando a liderança privilegia uns em detrimento dos demais.

É claro que nem todos apresentarão comprometimento e desempenho iguais. Injustiça, a rigor, é tratar de modo igual aqueles que são desiguais no empenho e no resultado que geram. Quando as pessoas são desiguais nesses aspectos, a vida dos líderes fica mais fácil, pois será improvável que os demais deixem de reconhecer aqueles notáveis talentos, cujas realizações são óbvias, visíveis e muito eloquentes. As decisões dos líderes quanto a esses profissionais serão vistas como esperadas e legítimas. Não reconhecer esses talentos parecerá injustiça aos olhos dos demais.

O problema, na maioria das vezes, não está aí. A dificuldade reside quando as diferenças são residuais, quando não temos aquele indivíduo cuja performance se destacou tão visivelmente assim dos demais. Tudo se complica mais um pouco quando as políticas não são claras, comunicadas e conhecidas por todos. Os líderes em contextos desse tipo passam semanas testemunhando caras feias, olhares desconfiados e sinais evidentes de descontentamento. Ainda que de modo silencioso, em seus ouvidos batem questionamentos do tipo "Por que ele e não eu?", "O que ele fez de tão especial e diferente do que eu faço?", "Qual foi o critério para essa decisão?". Vida dura!

"Nada drena a motivação mais rapidamente do que a percepção de que o sistema é injusto e manipulado", dizem John Mackey e Raj Sisodia no livro *Capitalismo Consciente*. Verdade absoluta. Não nos referimos apenas às decisões ligadas a promoção e mérito — vedetes do descontentamento — mas a todas as atitudes que impactam pessoas e times. Participar de reuniões percebidas como especiais, presenciar palestras e workshops com consultores externos, participar de cursos e treinamentos internos ou externos, ganhar mais atenção e tempo de agenda do chefe, receber recursos adicionais (pessoas, orçamentos, tecnologias, consultorias, mobiliário etc.) e ocupar um layout visto como diferenciado — tudo isso (e mais um pouco) pode agravar o sentimento de injustiça, discórdia, desconfiança e desengajamento.

Como lidar com isso? Não tenho dúvidas em retomar um ponto que considero chave, inclusive para esse desafio: autoconhecimento. Quanto maior o nível de consciência, maior a maturidade emocional dos indivíduos e menor a chance de testemunharmos "crianças brigando pelo brinquedo" dentro da empresa, além de pessoas esperando amor e carinho do "pai" e da "mãe" no ambiente de trabalho. Contudo, além de estimular o autoconhecimento, é preciso ter políticas claramente definidas para os seguintes processos:

- Atração;

- Admissão;

- Integração;

- Remuneração;

- Educação;

- Desenvolvimento;

- Avaliação;

- Desligamento.

Esses são os macroprocessos básicos em gestão de pessoas dos quais a liderança não pode se furtar em definir e divulgar. E como fazê-lo da melhor forma?

Existe apenas um caminho que se pode recomendar: as melhores políticas serão sempre aquelas que tomam os valores e o propósito da empresa como pontos de partida. Definidos os valores organizacionais é possível desdobrar os comportamentos esperados, o que já alimenta os processos de atração, avaliação e desligamento, por exemplo. Todas as decisões ligadas a pessoas devem buscar inspiração direta nos valores e propósitos organizacionais, criando um sistema coerente e que diminui as chances de decisões percebidas como injustas. Inspiradas nos valores e uma vez definidas, implementadas e comunicadas, as políticas de gestão de pessoas guardarão coerência e reforçarão o sentimento de justiça dentro do sistema.

Mas não se iluda: o comportamento humano é sempre mais criativo do que preveem nossas políticas de RH. Os líderes serão sempre surpreendidos por contextos do tipo "zona cinzenta", ou seja, situações pouco claras que não ensejam um sim ou um não óbvios. Por mais que se inspire nos valores e nos propósitos para tomar decisões as mais justas possíveis, todo líder deve estar preparado para lidar com desapontamentos ao redor, pois não agradará a todos. Sempre pode acontecer que um ou outro — às vezes por razões pertinentes — sintam-se atingidos e especialmente injustiçados. Os líderes não são infalíveis, e por vezes tomarão decisões erradas. Mesmo assim, um clima de injustiça pode ser evitado sempre que os descontentes tiverem o direito de "apelar", ou seja, de questionar as decisões tomadas e de pedir esclarecimentos sobre os critérios que embasaram o processo decisório. A oportunidade de apelação e a atitude transparente do líder em dialogar e esclarecer os fundamentos que nortearam sua decisão serão sempre fortes armas para manter os times engajados e inspirados.

03

Trabalho Deve Ser Significativo

Se trabalho não é lazer e tampouco deve ser um castigo, como qualificá-lo na direção mais próxima da felicidade autêntica? Qual a melhor equação para um trabalho que engaja e inspira, um trabalho experimentado de corpo e alma? Tenho preferido a expressão "trabalho significativo" para responder a essa indagação, à luz de cinco variáveis que montam sua melhor equação: *vocação, causa, contribuição, relações* e *domínio*. Veremos cada uma delas em separado. Antes, porém, quero introduzir outra ideia: o *Empreendedorismo de Significado*.

Empreendedorismo de Significado

Parte do desafio de criar um negócio sólido e sustentável passa pela eficácia em engajar os diferentes atores que gravitam na órbita da organização. Clientes, colaboradores, fornecedores, investidores, financiadores, acionistas, governo, comunidade e sociedade interagem de modo distinto — e por diferentes razões — com a empresa. Mas todos têm um ponto em comum: são partes interessadas e intervenientes no empreendimento. São os chamados *stakeholders*, como já lembramos no capítulo 1. Ora, o que de melhor qualquer líder pode almejar de todos seus *stakeholders* senão um engajamento de corpo e alma? Ótimo, mas como?

Essa é uma das perguntas que mais vale a pena se fazer. É pauta que se justifica quando discutimos atração de talentos, desenvolvimento da liderança, ou mesmo quando idealizamos iniciativas de relacionamento com clientes, fornecedores, governo e sociedade. Que atitudes podemos sonhar para esses indivíduos quando interagem com nossos recursos, processos, produtos, serviços, marcas e negócios? Resposta: um engajamento de corpo e alma, uma verdadeira militância a favor da nossa proposta de valor. Como?

Vejo o que chamo de *Empreendedorismo de Significado* como um caminho para obter a resposta. Mas antes é fundamental relembrar a essência do verbo *engajar*. Nesta reflexão, o foco está nos colaboradores — ponto de atenção maior deste livro — embora parte relevante das ideias que serão expostas apliquem-se também aos demais *stakeholders* e à extensão de seu comprometimento com a proposta de valor da organização.

Engajar é mais do que satisfazer e motivar. Satisfação vem de "saciar", o que nos remete à pessoa que se reconhece atendida em suas demandas básicas. Estou satisfeito porque na empresa onde trabalho as obrigações contratuais são cumpridas com rigor: recebo meu salário e benefícios em dia, dentro do combinado e do previsto em lei. Sei qual é meu trabalho e tenho os recursos para executá-lo. Isso tudo é bom e "satisfaz", mas não é suficiente para motivar e engajar.

Nem toda pessoa satisfeita está necessariamente motivada. A palavra motivar vem do latim *movere*, que significa *movimento, ação*. Em outras palavras, estar motivado enseja um impulso para agir, para se mover e realizar. Embora nem todo indivíduo satisfeito esteja motivado, o contrário é possível afirmar, isto é, podemos supor que alguém motivado também esteja satisfeito. Mas a pergunta é "por quanto tempo"? Quanto tempo dura a motivação?

Nosso impulso para agir — ou seja, para se motivar — pode ter várias origens. Trabalhar com alguém especial, envolver-se em certo projeto, ter novos recursos à disposição, entrar em contato com os resultados positivos do que executamos, ser reconhecido pela boa performance. Enfim, há vários caminhos para a motivação. Mas a realidade nos cobra mais do que isso. Queremos sentir um nível superior de envolvimento, algo diferente de alegrias momentâneas e passageiras. E é claro que os que estão à nossa volta esperam o mesmo de nós. Chefes, clientes, liderados, cônjuges e filhos adorariam sentir que estamos imersos em algo significativo, que parece nos absorver de corpo e alma e nos colocar em outro lugar. Algo que resiste aos desgastes do dia a dia, às confrontações de pensamentos e ações, à falta de apoio e recursos, à incredulidade e à complexidade do desafio. Estamos nos referindo ao engajamento!

Compreender a palavra engajamento passa por assimilar sua clara essência: a emocional. Como afirma a consultora britânica Carolyn Taylor, autora do livro *Walking the Talk*, nós nos sentimos engajados, não pensamos o engajamento. Nós o experimentamos emocionalmente. Trata-se da diferença entre "querer" e "ter que".

Estar engajado é seguir mais adiante, ir além do esperado com persistência e resistência às adversidades. É sentir-se altamente comprometido. É não perceber o tempo passar ao se entregar com foco e atenção ao que fazemos. É experimentar uma forte identidade com o desafio, quando ele e você se tornam uma coisa só. É ver-se como parte de uma história significativa, que você está escrevendo no todo ou em parte. É enxergar essa história acontecendo agora em sua vida.

Todo esse envolvimento emocional não pode ser parte apenas de uma variável. Somos humanos, exageradamente humanos, como dizia Nietzsche. Desse modo, demandamos mais de um elemento para nos sentirmos engajados e inspirados. Daí a importância do engajamento visto em cinco variáveis: *vocação, causa, contribuição, relações* e *domínio*. Vejamos cada uma delas.

Vocação

Não existe apenas uma variável que opera sobre nosso nível de engajamento. Mas refletir sobre vocação é certamente o início. Um ótimo início.

Já vimos que *talento* representa tudo aquilo que fazemos quase com perfeição e recorrentemente. Navegar em nossos talentos — e transformá-los em efetivos pontos fortes — faz certamente parte do arranjo geral do engajamento, como vimos no capítulo 1. O que me interessa agora é abordar o tema da vocação com mais profundidade.

A origem latina dessa palavra está no verbo *vocare*, ou *chamar*, em português. *Vocatio*, assim, significa chamado. O significado de vocação está originalmente vinculado a chamado, ou propósito, o que de pronto nos leva às seguintes indagações: qual meu chamado? Qual meu propósito?

Trabalhei durante cinco anos com aconselhamento de carreira na DBM, hoje Lee Hatch Harrison/DBM. Acompanhei a transição de carreira de vários executivos, em geral egressos das maiores empresas do país. Todos de nível muito sênior. Era comum questioná-los a esse respeito: Você estava ancorado em seu propósito? Você sentia que seu trabalho o aproximava ou afastava de seu propósito? Aliás, qual seu propósito de vida? Quase sempre, frases gaguejantes serviam como respostas.

Sejamos sinceros: são perguntas bem complexas, concorda? Não é pecado gaguejar ao tentar respondê-las. Aliás, não há problema algum em não ter resposta para essas perguntas. O pecado é não ter a pergunta! É nunca ter se confrontado com o questionamento, que deve ser provocador, instigante e capaz de nos inquietar. Estou convencido de que existem perguntas mais importantes que suas respostas. E estes são, seguramente, bons exemplos: qual meu chamado? Qual meu propósito?

Há momentos em nossas vidas que nos descongelam, que nos tiram do piloto automático. Estamos quase sempre no modo zumbi, sonâmbulos para nosso mundo interior e apenas parcialmente atentos ao que nos acontece no mundo exterior. Tais momentos de descongelamento são úteis para nos trazer de volta à nossa própria presença, reaproximar corpo e alma e sentir a plenitude do momento atual como um *presente*. O problema, infelizmente, é que o descongelamento nem sempre envolve um acontecimento positivo ou trivial. É claro que conquistas importantes e realizações significativas podem nos trazer esse estado pleno de presença. Mas o jeito mais usual de descongelarmos geralmente passa por perdas. Perdemos tempo, dinheiro, oportunidade, emprego, relacionamentos e entes queridos. Essas perdas servem como gritos em nossos ouvidos, quase sempre teimosos em não dar atenção ao suave e constante sussurro que a vida nos faz todos os dias.

O tema sobre propósito de vida está diretamente relacionado à maior ou menor percepção que podemos experimentar quanto ao nosso "chamado". Lembre-se de que vida e carreira fazem parte de um binômio indissociável. Tudo o que ocorrer em sua carreira impactará sua vida, e tudo o que acontecer em sua vida influenciará direta ou indiretamente sua carreira. Essas coisas são impossíveis de separar dentro de nós. Por esse motivo, falar sobre propósito deve ser uma reflexão integral.

Autoconhecimento é condição para que essa reflexão seja rica. Há diferentes caminhos para ampliar consciência sobre nós mesmos: terapia, coaching e experiências de espiritualidade podem ampliar sua conexão consigo mesmo. Você precisa primeiro estar conectado com você, para então se conectar com os outros, e na sequência sentir-se conectado com algo que é maior do que eu e você juntos, ou seja, seu propósito.

Seguir seu chamado pressupõe criar intimidade com seu mundo interior, com sua *luz* e *sombra*. Seguir seu chamado pressupõe aproximar-se de sua essência, do núcleo de sua identidade que o faz único e singular. Ninguém pode se engajar com alguém ou com alguma coisa se não estiver engajado consigo mesmo, com sua história, sua ancestralidade, seus valores mais profundos e com a experiência de viver um propósito.

A empresa — já disse isso algumas vezes neste livro — não é e nunca será lugar para terapia. Mas vejo uma quantidade crescente de organizações interessadas em provocar seus líderes a ampliar a conscientização sobre seus propósitos e enxergar como eles se alinham ao propósito organizacional. Numa palavra, objetivam líderes e organização alinhados em um mesmo propósito. Uma combinação "ganha-ganha" e especialmente virtuosa.

Não tenho a pretensão de esgotar o tema em algumas linhas. Mas quero deixar sugestões para suas reflexões, que podem apoiar sua maior percepção sobre seu chamado, sobre seu propósito. Mas guarde uma dica: mais importante do que achar seu propósito é se colocar em busca dele. Talvez seja algo que você nunca toque concretamente com as mãos, talvez não seja um lugar para se chegar, mas sim para procurar. Acredito que a maior contribuição dessa busca esteja naquele incômodo que vez ou outra sentimos quando nos percebemos em algum tipo de contramão. O contrário também é verdadeiro: temos momentos em que nos sentimos em fluxo com a vida, e mais próximos daquilo que pode ser nosso propósito. Ao longo do tempo mudaremos algumas vezes nossa percepção do que pode ser nosso chamado nesta vida. Francamente, não vejo problemas nisso. Pensar no assunto já é um ganho. Estar com o tema latejando em nossa mente e em nosso peito já vale muito.

Você já parou para pensar na diferença entre *vocação*, *profissão* e *carreira*? São palavras que usamos corriqueiramente, com frequência e quase nunca associadas a seus melhores significados. Vocação tem a ver com nosso chamado, propósito, nossa razão de ser. Profissão refere--se ao conjunto de saberes e ofícios que aprendemos — tanto na teoria quanto na prática — e que nos especializa para certos desafios. Carreira, por outro lado, refere-se a caminhos, às rotas que escolhemos para empregar nossos saberes e ofícios a serviço de nosso propósito. Por essa razão, uma ótima reflexão seria a seguinte: tenho escolhido caminhos que me permitam empregar meus ofícios e saberes de modo a colocá--los a serviço de meu propósito?

Pense no processo formal de educação pelo qual passamos e perceba como vocação, profissão e carreira desenvolvem-se de modo desarticulado. Se somos de classe média baixa — ou inferior a isso — nossa história começa pela carreira, quando temos nosso primeiro "bico" e outros na sequência dele. Se somos de classe média alta — ou superior a isso — nossa trajetória começa pela escolha de uma profissão, pelo vestibular e pela definição do curso de graduação que faremos. Em ambos os casos falta a articulação com a vocação. Em muitos casos a necessidade de alinhar vocação, profissão e carreira vem pela dor e à força: trombamos com a vida, somos demitidos, vivemos uma crise financeira aguda, passamos por maus momentos nos relacionamentos, etc. Ou seja, momentos de crise, com fortes sentimentos de inadequação nos forçam a realinhar "nossos planetas". É o momento em que começamos a refletir sobre vocação e seu alinhamento com nossa profissão e com nossos caminhos de carreira.

Ótimo se este alinhamento não passar por uma crise. Aliás, é tudo que espero para você, enquanto percorre estas linhas!

Uma pergunta legítima pode ser feita neste instante: quando falamos sobre vocação estamos obrigatoriamente nos referindo a propósito de carreira? Essa é uma pergunta muito comum. Minha experiência recomenda que pensar em propósito relacionado ao trabalho é um gatilho interessante para pensar em chamado de forma mais ampla. Ao prosseguir nessa reflexão o indivíduo inevitavelmente chegará a uma conclusão: é impossível separar vida e carreira. Como disse anteriormente, o que ocorre em nossa vida pessoal impactará, de um modo ou de outro, nossa vida profissional, e vice-versa.

Tenho trabalhado com meus alunos e clientes alguns temas que percebo servirem como "gatilho" para a reflexão sobre vocação. São eles: *1) nossa ancestralidade; 2) nossos modelos e referências; 3) nossa capacidade de aprender; 4) nossos talentos; 5) nossas imagens da infância; 6) nossa fantasia parental; 7) nossa conversa íntima; 8) nossa relação com o amor; 9) nossa personalidade; 10) nossa atração ou repulsa por pessoas exóticas e excêntricas; 11) nossas experiências de "flow" e 12) nosso contato com o sagrado.* Vejamos:

1) Nossa ancestralidade

Imagine-se em pé, firmemente em pé, e sinta o contato com o chão. Imagine-se uma árvore e pense em seus pés como raízes. Você está presente, ancorado no chão como parte integrante deste mundo.

Ainda em pé, imagine seu pai — ou a pessoa que representou em sua vida a figura paterna — atrás de você, atrás de seu ombro direito. Sinta sua presença ali. Agora faça o mesmo do lado esquerdo com sua figura materna: coloque-a ali, atrás de seu ombro esquerdo. Imagine agora seus avós paternos, bem atrás de seu pai. Enxergue com sua mente os pais de seu pai posicionados atrás dele. Faça o mesmo com o lado materno: posicione os pais de sua mãe atrás dela. Agora pense a fila enorme de pessoas atrás de seus pais e avós. Pense sobre a "cauda" infinita de pessoas atrás de você. Trata-se de sua ancestralidade, do sistema familiar que o trouxe até aqui, até o momento exato em que você lê estas linhas.

Imagine que agora você se vira e olha de frente seus pais, avós e todos os que os antecederam. Imagine-se fazendo uma reverência, um sinal qualquer de respeito e gratidão para toda aquela gente. Do que estamos falando? Para que tudo isso?

Meus anos de aconselhamento — além de minha própria experiência de autoconhecimento — ensinaram-me a enxergar a diferença entre aqueles que põem consciência sobre sua ancestralidade e aqueles que a ignoram. Trazê-la para o consciente por meio de reverência e gratidão costuma ser um modo de pegar emprestada a força de todo esse sistema familiar da energia vital que impulsionou aquelas vidas e que ainda remanesce nesse sistema.

Colocar consciência sobre nossa ancestralidade é como convocar a turma toda para estar conosco, sobretudo naqueles momentos mais desafiadores. Experimente: mentalize esse exercício segundos antes de falar em público, nos momentos que antecedem uma reunião importante no trabalho, ou mesmo prestes a iniciar uma conversa pessoal chave com alguém de seu relacionamento pessoal. Você se perceberá falando "de um outro lugar".

Não é possível desconectar suas reflexões sobre propósito, de sua história de vida. Recomendo expressamente que suas reflexões sobre propósito aconteçam "nesse outro lugar", com a força e energia vital emprestadas de sua ancestralidade. Experimente: você não tem nada a perder. Pelo contrário...

2) Nossos modelos e referências

Todos temos pessoas em nossa história que nos inspiram de modo especial. Parentes, amigos, artistas, atletas, professores ou personalidades da história. São indivíduos que conhecemos pessoalmente ou apenas à distância e com biografias capazes de nos conectar com características que — além de servirem de modelos e referências — fazem-nos lembrar do melhor em nós mesmos, dos momentos em que nos enxergamos em tais pessoas, dos contextos em que nos admiramos mais por essa conexão.

Trata-se de um tipo de inspiração notavelmente importante para nosso crescimento pessoal. É impossível desconectar esse sentimento de nossa busca por propósito, pois esta tangenciará sempre os valores e as atitudes presentes em quem admiramos. "Somos naturalmente atraídos por aqueles que encarnam os ideais e virtudes de caráter que tanto gostaríamos de perceber em nós mesmos", afirmam John Mackey e Raj Sisodia em *Capitalismo Consciente*.

Ampliar consciência para seu propósito passa por aumentar a reflexão sobre as características dessas pessoas que nos inspiram, e como procuramos ao longo de nossa jornada imitá-las em pensamentos e comportamentos. Analise o impacto que cada uma delas produziu e ainda produz em você, que diálogos internos se desenvolvem quando está sob efeito da admiração que lhes devota e como isto interfere na maneira como faz suas escolhas pessoais e profissionais. É esperado que seu propósito esteja embebido dos valores, das virtudes e dos ideais relacionados a essas personalidades.

Você já sabe que sua trajetória será sempre influenciada por seus relacionamentos. É possível inclusive organizá-los com papéis claros de contribuição nessa jornada. Você pode olhar para as pessoas com as quais se relaciona e perceber: *aliados, confidentes, coachs e mentores*. Uma mesma pessoa pode acumular mais de um papel: por exemplo, pode existir alguém que é aliado e confidente ao mesmo tempo.

Aliados são todos aqueles que vão para o "campo de batalha" ombro a ombro conosco, preparados para "matar" e "morrer" ao nosso lado. Compram a briga conosco e nos acompanham nos bons e maus momentos. Talvez não tenhamos muitos aliados com tal profundidade de aliança. Mas os poucos que tivermos serão especialmente importantes. São pessoas com quem temos forte identidade de valores e diferenças em competências e experiências, ou seja, diferenças que se complementam e que nos aproximam. Comungamos da mesma visão de mundo, enxergamos de modo convergente temas essenciais como dinheiro, carreira, amor, família e relacionamentos de modo geral. É bem possível que tais pessoas busquem propósitos próximos dos nossos.

Confidentes são aqueles com quem podemos nos abrir, falar dos nossos segredos — alguns bem incômodos, certas vezes — e que nos ouvirão com atenção, empatia e sem julgamentos. Talvez não saibam o que nos dizer, talvez não tenham vivido pessoalmente situações semelhantes, mas serão capazes de oferecer o que precisamos nesses momentos: presença e escuta empática. Guardar segredos dá muito trabalho e com o tempo eles crescem em tamanho e em poder de perturbação. Falar e falar sobre eles — com pessoas de confiança — faz com que diminuam em tamanho e em seu poder negativo. Como diz Brene Brown em *A arte da imperfeição*, "procure pessoas que conquistaram o direito de ouvir sua história, e conte tudo a elas". Para nos colocarmos em busca de nossa vocação nesta vida precisamos de criatividade e inspiração. Medo, pensamentos e sentimentos torturantes que nos devoram por dentro não liberam nossa alma criativa, e nossa energia fica imensamente reprimida.

Coaches — ou "treinadores" — costumam ser profissionais que contratamos para o trabalho formal de aconselhamento, que pode ter foco na carreira ou em temas mais abrangentes de nossa vida pessoal. São oportunidades muito relevantes para dialogarmos com alguém que pode "esgrimar" conosco, em geral com questionamentos consistentes que nos fazem enxergar além da superfície. Momentos de maior angústia, de perda de autoconfiança e de dificuldades nos relacionamentos — dentro e fora da empresa — são propícios para aconselhamentos dessa natureza. Estar diante de novos desafios — inclusive profissionais — que demandam desenvolvimento de novas aptidões e o emprego de nossos maiores talentos também justifica a presença de um coach, que pode nos apoiar a dar estrutura e consistência ao desafio de nosso desenvolvimento.

Muitos dos nossos mentores são familiares ou amigos íntimos. São pessoas capazes de nos ouvir e dar um conselho, como "alguém de fora", para os diferentes desafios de vida e carreira que enfrentamos.

Alertar sobre riscos potenciais costuma ser um papel típico de tais indivíduos. Existem também os processos formais de mentoring dentro das organizações. Trata-se de uma espécie de tutoria onde alguém em geral mais experiente — às vezes mais velho — orienta pessoas mais jovens, com conselhos para seu desenvolvimento pessoal e profissional. Tanto o coaching quanto o mentoring podem nos apoiar na conexão do que é essencial para nós, aquilo que realmente nos move com nossa melhor energia e competência. O efeito é claramente positivo na ampliação de consciência com relação ao nosso propósito.

3) Nossa capacidade de aprender

Preste atenção como alguns assuntos entram fácil em sua cabeça. Você já entendeu antes mesmo de terminar de ler ou ouvir sobre aquilo. Segundos depois bate uma sensação de "eu já sabia". Não parece algo que você acabou de aprender, mas que acabou de se lembrar. Já vivenciou essa sensação alguma vez?

Por outro lado, há temas que precisamos martelar oitocentas vezes até que uma minúscula fração seja finalmente compreendida por nós. Não são assuntos que assimilamos com facilidade e só com muito custo somos capazes de aprendê-los.

Temos facilidade de aprendizado para certas coisas, e muita dificuldade para outras. Isso é especialmente importante porque nossa capacidade de aprendizagem está relacionada com nossos talentos, que por sua vez guardam importante conexão com nosso propósito. Ao realizar alguma atividade, pergunte-se:

- Com que velocidade ganho eficácia?
- Com que velocidade ganho eficiência?
- Ao fazer e refazer aquilo, como ganho proficiência?

Há certas atividades em que nos percebemos aprender muito rapidamente. Nossa capacidade de concretizar a tarefa é cada vez maior.

Mais ainda, a cada nova etapa observamos que a realizamos em menos tempo e com menor emprego de recursos, ou seja, com maior eficiência. E cada vez que fazemos e refazemos aquilo nos tornamos cada vez melhores, com excelência e capacidade crescente de criar e inovar. Não dá para ignorar que por trás dessas atividades residem nossos talentos, os quais podem canalizar nosso propósito.

4) Nossos talentos

Já definimos talento como tudo aquilo que somos capazes de fazer quase perfeitamente e mais de uma vez (o que elimina o fator sorte como explicação).

Assim, nossos talentos ligam-se ao que geralmente chamamos de dons, os desafios para os quais temos natural inclinação e particular facilidade. Mais ainda, existe um jeito pessoal de fazer aquilo, ou seja, colocamos nossa singularidade no fazer, nosso toque pessoal e quase uma impressão digital que personaliza e cria um aspecto distintivo para aquilo. Isto é o "jeito Rogério" de fazer isso ou aquilo, dizem as pessoas que nos conhecem.

É muito útil, por sinal, tomar pulso de como as pessoas ao nosso redor nos percebem, a que temas elas prontamente nos associam e em que contextos — para quais desafios — acreditam valer muito a pena nos procurar. Somos vistos como provedores de certos tipos de solução para certos tipos de problemas. Somos percebidos como "a pessoa certa" quando alguma oportunidade é ventilada. Que problemas são esses? Que oportunidades costumam trazer uma imediata associação ao nosso nome? Refletir sobre tudo isso é rico para vislumbrar nosso propósito.

5) Nossas imagens da infância

Já aconselhei inúmeras pessoas a realizarem a seguinte tarefa: conversar com pais, irmãos, outros parentes e amigos para explorar que imagens guardam sobre eles quando eram crianças. Por quê?

Na infância ainda não deu tempo para escolher aquele monte de máscaras que ao longo da vida nos acompanharão. Somos de modo mais visível e autêntico nossa essência em material bruto, ainda não "lapidado". Nosso comportamento quando brincávamos sozinhos, nossa interação com os demais, as histórias sobre nossas atitudes na escola, nossa reação ao que soava como novidade a cada ano e nossa "primeira vez" para uma série de coisas guardam pistas geniais sobre nosso caráter, nosso cerne, nosso gênio interior querendo desabrochar. Remontar as imagens da infância será alimento que nutre o flerte com a busca por propósito.

6) Nossa fantasia parental

Imagine dois casais de pais, ambos com um filho cada. Os dois casais escutam seus filhos fantasiarem sobre seus futuros: o que serão quando crescerem, quais profissões abraçarão quando adultos. O primeiro casal reage da seguinte maneira:

— *Filho, saiba que te amaremos sempre, independentemente do que escolher. Seja qual for sua escolha, nós o apoiaremos!*

Já o segundo casal reage de outro modo:

— *Filho, que bom você falar sobre seu futuro. Quer saber de uma coisa? Achamos que você tem tudo para ser um músico de mão cheia. Enxergamos você como um maravilhoso pianista!*

Com qual das duas reações você mais se identifica? Qual seria mais recomendável, pensando no papel ideal dos pais?

Durante anos, eu — que sou pai de um garoto e de uma menina muito amados — não hesitaria em escolher o primeiro casal como aquele de melhor postura: sem nenhuma imposição, com um posicionamento imparcial, deixando a criança livre para sonhar e definir seus caminhos. Hoje, eu não hesitaria nem por um segundo em escolher a atitude do segundo casal. Por quê?

É claro que pais autoritários, que não dialogam e não dão espaço para seus filhos fazerem suas escolhas serão sempre péssimos exemplos. Aliás, existem poucas atitudes tão abomináveis quanto aquelas de pais que projetam em seus filhos toda carga de frustrações e desejos reprimidos. Isso é detestável.

Mas preste atenção na postura do primeiro casal. Ela é cruel num aspecto que passa desapercebido: ela é neutra. Seria aquela a melhor postura para os pais diante de filhos sonhando com seus futuros? Seria a neutralidade a melhor resposta? Acabei por concluir que não, sobretudo depois de ser pai e de vivenciar tantas histórias de aconselhamento de carreira.

Estou convencido de que os pais também precisam fantasiar, tanto quanto os filhos. Refiro-me à boa mistura da fantasia dos filhos com a fantasia parental, ou seja, de sonhos compartilhados para os filhos e com os filhos. Note a reação do segundo casal, que à primeira vista pode ser qualificada como tendenciosa e parcial: não é propriamente uma imposição, mas um sonho. Não há portas fechando, mas passagens que se abrem além daquelas já eventualmente entreabertas pela própria criança. Não há aquela atitude que pode até soar como omissão ou simples passividade do tipo "você que sabe", "escolha você", "vou te apoiar de qualquer modo". Isso é bom, mas profundamente insuficiente para a alma de quem escuta.

Como pode ser a reação da criança diante da fantasia parental? Atratividade ou repulsa. Ambas são excelentes, pois cutucam a alma, que por sua vez detesta a neutralidade dos tons "pastéis". Quando a criança diz "quero ser tal coisa no futuro" e os pais dizem "tudo bem, querido, você quem sabe" é provável que o efeito dessa neutralidade seja devastador, pois se por um lado não provoca reação negativa da criança, tampouco desperta paixão ou motivação. A rigor, não desperta nada. É o magistral efeito da neutralidade: nada e nenhum!

Se a criança repudiar a fantasia dos pais será ótimo, pois sua alma falará em seus ouvidos e o apoiará em caminhos alternativos, que façam mais sentido para seu gênio interior. Mas há o risco de a criança sentir-se atraída pelo sonho parental, ainda que depois faça outra escolha, o que também não é ruim. Ambas as situações parecem melhores quando comparadas com a inodora, insípida e incolor neutralidade do "você que sabe, querido! Eu te amo".

Sobre a relação dos pais com seus filhos, James Hillman escreveu em sua obra *O código do ser*: "(...) talvez a pior situação seja quando eles (os pais) não têm nenhuma fantasia a seu respeito (seu filho). Este ambiente objetivo e neutro, essa vida normativa e racional, é como um vácuo, sem nenhuma brisa". Completa Hillman: "Quando gostamos de alguém, ficamos cheios de fantasias, ideias e ansiedades". Fiquei desconcertado anos atrás, quando li este trecho e me enxerguei claramente como o "politicamente correto pai neutro".

Tanto Hillman quanto outros pensadores enxergam valor na fantasia parental ao forçar a criança, por exemplo, a divergir dele e a começar a reconhecer que seu coração é ímpar, diferente e tem desejo e vontade de fazer outra opção. Nasce então o interesse de se escutar mais, de tocar sua singularidade e de oferecê-la ao mundo. Desperta, nesse instante, o desejo de viver um propósito pessoal, de ir em sua busca, de começar sua jornada.

Preste atenção como essas reflexões são úteis tanto em sua perspectiva como pai, quanto na busca por seu propósito. Que sonhos tinha quando era criança? O que sua criança sonhava ser quando adulta? Você vivenciou algum tipo de fantasia parental, que você negou ou pela qual você sentiu atração? Algumas de suas escolhas de vida e carreira podem ter sido negação ou confirmação em parte (ou no todo) da fantasia de seus pais sobre você (e para você)? São conversas íntimas que abrem alas para reflexões sobre propósito.

7) Nossa conversa íntima

Conheci ao longo dos anos muita gente atormentada por mentes barulhentas. Para eles, aquela voz dentro da cabeça não cessava a tagarelice e passava o dia "narrando o jogo", filtrando o que lhe servia, julgando e definindo o que podia ou não ser visto, percebido e assimilado. Ou seja, uma tortura diuturna.

Um rapaz, em especial, chamou-me atenção pela tirania a que se submetia, com uma mente que não dava trégua. Lembro de um dos nossos papos, quando era meu cliente de aconselhamento, em que reclamava da exaustão mental que sentia:

— *Creio que poucas coisas seriam tão úteis a você quanto cessar esse barulho em sua mente* — disse a ele, depois de ouvir seu relato e de testemunhar quão exausto estava com aquele barulho infernal em sua cabeça.

Sua resposta veio com um olhar de concordância, sem palavras. Emendei outra pergunta:

— *Tenho uma curiosidade. Você tem um lugar em sua casa que seja somente seu?*

Sua expressão, agora, evidenciava dúvida.

—*Como assim, Rogério? Ficou doido? Eu moro sozinho! O apartamento é todo meu!* — respondeu, com uma risada meio nervosa.

—*Preste atenção! Não foi o que perguntei! Quero saber se você tem um canto seu, só seu, um lugar onde se reconecta consigo mesmo.*

Silêncio. Um rosto aberto para escutar esboçava interesse pela sequência daquela conversa. Aproveitei para explicar:

— *Não há ser humano neste mundo que possa abrir mão de seu santuário. Não me refiro necessariamente a prédios físicos, tampouco a espaços que sejam obrigatoriamente ligados a religiões, mas a lugares onde marcamos encontros íntimos conosco para estarmos a sós e para nos religarmos com tudo o que nos é importante.*

Meu ponto ali era o seguinte: a conexão com nossos valores e com a busca por viver sentido e significado fica comprometida quando não somos capazes de viabilizar momentos para escuta íntima, de abrir um espaço prazerosamente vazio, de silêncio, de paz para uma autoanálise serena e livre de julgamentos. Momentos em que nosso ego fica distraído, com sono e meio desatento do trabalho permanente de filtrar, analisar, catalogar, rotular e decidir.

Exercícios de respiração, movimentos corporais, yoga, meditação e quaisquer outros caminhos para aquietar a mente e ampliar a autoescuta servem como estímulo para conexão com nossa essência — fundamental na busca de propósito. Igualmente importante é ter lugares — aqui apelidados de santuários — que favoreçam uma conversa íntima, momentos de parada, instantes preciosos para agendar um encontro consigo mesmo e deixar a alma dialogar com você por meio de imagens, do flerte com as melhores e maiores possibilidades de futuro para você.

8) Nossa relação com o amor

Há uma importante convergência entre psicólogos e especialistas em humanidades: é no amor que experimentamos nossa individualidade, uma intensa percepção sobre nós mesmos neste mundo. São nas primeiras experiências amorosas, inclusive, que nossa individuação ganha força.

O processo de criação da nossa individualidade se acelera quando iniciamos nossa relação com o mundo do amor e do sexo. O primeiro amor da infância, o primeiro beijo, o primeiro contato físico e a primeira relação sexual — só para citar alguns exemplos — são situações que nos aterrissam neste mundo. Ficamos com a sensação de que "chegamos". Nosso nível de presença aumenta vertiginosamente e partes de nós ainda não despertas abrem seus olhos com singularidade.

Você se lembra de seu primeiro amor? Como se iniciou nos temas relativos ao coração? Como eram essas pessoas? Como reagiu em cada nova experiência? Como se aproximava das pessoas por quem era atraído? Elas tinham características comuns? Olhando hoje à distância, quem era você em tais momentos? Como era você naquelas histórias e como elas determinaram a maneira como você encarou seus relacionamentos até aqui?

Ao puxar este fio de novelo, aspectos vitais sobre você sobem junto para a superfície. Detalhes sobre seu cerne, sobre sua essência são resgatados de um passado recheado de sensações ainda armazenadas em seu corpo físico e emocional. Remexer nisto equivale a fornecer matéria-prima da melhor qualidade para aquela sua parte em busca de propósito.

9) Nossa personalidade

A maneira como lidamos com os diferentes desafios de vida e carreira passa pelo tipo de personalidade que temos. Ampliar consciência sobre nossa própria personalidade faz sentido sempre, mas sobretudo quando nos colocamos em busca de nosso propósito.

Nossa personalidade contribui para o modo como decodificamos fatos e relacionamentos, impacta os caminhos escolhidos e a forma como reagimos a eles. Somos mais extrovertidos ou introvertidos, racionais ou reflexivos, pragmáticos ou afetivos. Esses estilos e suas combinações estruturam juntos uma "lente" que percebe o mundo e os indivíduos ao nosso redor. Nossa história de vida, crenças, valores e personalidade influenciam nossos pensamentos, sentimentos e comportamentos. A aventura de perseguir nosso propósito não fica comprometida quando a compreensão sobre nosso estilo é pequena, ou nenhuma.

Há vários testes de personalidade que você pode fazer: DISC, MBTI. Não encare nenhum deles como um dogma, uma verdade absoluta sobre você. Serão sempre boas pistas, mas somos complexos demais para qualquer radiografia supostamente exata sobre nossa dimensão humana. Mas serão pistas que despertarão seu interesse e sua vontade de se aprofundar no autoconhecimento. Isso já vale muito. Seu propósito agradece!

10) Nossa atração ou repulsa por pessoas exóticas e excêntricas

Tudo o que desperta a alma é útil para nos arrancar do "ponto-morto", daquele estado quase vegetativo em que vivemos — assustadoramente — a maior parte do tempo.

Estar ao lado de pessoas exóticas e excêntricas é um desses caminhos que despertam a alma de alguns modos. Elas podem atrair, assustar ou causar-lhe repulsa. Talvez você fique tremendamente seduzido e inspirado, ou fortemente antagonizado com o que viu e ouviu. A rigor, não importa a reação em si, pois sair do sonambulismo é mais importante que a maneira pela qual a alma foi impactada. Impactá-la é o objetivo.

Crianças submetidas a esse tipo de experiência beneficiam-se, seja qual for a reação. Negar ou afirmar os modos daquelas figuras acende alguns desejos e apagam outros. Preferências ganham contorno mais claro e diferenças de estilos e caminhos tornam-se mais visíveis, o que melhora a capacidade para discernir e definir opções.

Todos temos em nossas histórias de vida e carreira figuras — de dentro e de fora da família — que mexiam conosco, de diversos modos. Gostávamos demais quando falavam, adorávamos suas estórias e o contato com elas era simplesmente imperdível. Era sempre significativo quão impactados ficávamos com suas presenças, independentemente da quantidade de tempo. Por outro lado, tínhamos também aquelas das quais não suportávamos o estilo, o cheiro, o nome, a voz ou a simples e remota lembrança. Você consegue se lembrar dessas figuras e dos impactos que lhe causavam? Consegue perceber características comuns a elas? Percebe como algumas tiveram peso no modo como construiu seu sistema de valores e códigos de preferência, na vida e na carreira?

11) Nossas experiências de "flow"

Como já vimos no capítulo 1, atividades que nos permitem viver "flow" podem revelar nossos talentos em ação. Coordenar tais talentos com as atividades que nos trazem experiências de "flow" pode ser um caminho inteligente para dar mais forma a nosso propósito.

12) Nosso contato com o sagrado

Caminhos de espiritualidade — independentemente da religião em si — são oportunidades para religar o indivíduo a tudo aquilo que ele percebe ser maior do que ele. Sua fé e suas crenças são oportunidades para conectá-lo com ideais, valores e virtudes que conferem sentido à experiência de estar vivo, em suas diversas dimensões da vida pessoal e profissional.

A rigor, existem poucas frentes além da espiritual e religiosa capazes de aproximar o indivíduo do que pode ser seu propósito. As linguagens da religião — ainda que em diferentes "idiomas" — pressupõem temas como dons pessoais, comprometimento com certos princípios, tipos de comportamento aceitos e estimulados como desejáveis, capacidade de renúncia, consciência, eu superior, capacidade de transcender o ego, amor e cuidado com o outro, deixar um legado, impactar positivamente os outros e o mundo ao seu redor. Enfim, todos temas amigáveis ao desafio de se pôr em busca de propósito.

Vocação, portanto, é tema-chave para vivermos nosso propósito. Refletir sobre ela é ampliar a forma como o trabalho nos deixa mais vivos e mais reconciliados com nossa essência. Como disse, seu chamado depende de questionamento. Questionar-se é se colocar em busca. E não pode haver momento mais oportuno para começá-la: agora, exatamente neste momento!

Causa

Perceba como a linguagem diária na empresa passa pelo "o quê?", "como?", "quanto?", "quando?" e "quem?". Aquilo a que denominamos "gestão" consubstancia-se, quase sempre, em respostas encaixadas — nem sempre tão harmonicamente — para cada uma dessas perguntas. Mas há uma questão geralmente negligenciada: o "por quê?". Por que fazemos o que fazemos? Por que estamos neste negócio? Por que trabalhamos nisso? Para que todo este empenho? Em favor do que nos colocamos a serviço todos os dias? Somos realmente essenciais? Se uma catástrofe nos varrer do mapa, faremos realmente falta? Nossa ausência será efetivamente sentida? Por quem?

Toda a melhor literatura do *management* atual converge para um aspecto: ter lugar garantido no futuro não pressupõe apenas ser um excelente negócio. Produzir resultados econômicos e financeiros positivos é condição necessária, mas insuficiente, pelo menos para os líderes que anseiam engajar e inspirar pessoas ao seu redor.

Perceba como eu, você e os demais *stakeholders* das organizações com as quais interagimos esperamos mais delas. Não queremos que tenham apenas excelentes balanços patrimoniais. Desejamos — ainda que não tenhamos plena consciência disso — que sejam causas significativas, pelas quais valha a pena se engajar, de corpo e alma.

Pense no caso dos colaboradores de uma empresa. A percepção de que trabalhamos para uma organização que está ancorada em uma causa significativa dispara um envolvimento emocional capaz de aflorar o engajamento. E o efeito que uma percepção assim é capaz de produzir em nossos clientes, investidores e acionistas?

A percepção de causa será sempre mais explícita quando olharmos para atividades que lidam com saúde, segurança ou serviços públicos. Mas esses não podem ser — e definitivamente não são — os únicos exemplos que podemos lembrar. É evidente que a grande maioria dos empreendimentos está mergulhada no oceano vermelho da baixa diferenciação e guerra de preços, sem qualquer visão de causa ancorada na essência de sua ação. A melhor inovação que tais empreendimentos podem ambicionar é a de seus modelos de negócios, que não apenas os mergulhem em oceanos azuis de força competitiva, mas que também tornem possível evidenciar a causa a que todos convergem com seu comprometimento.

Nunca foi — nem nunca será — óbvio ou fácil fazer essa mudança. Mas ela é fundamental. E você pode começá-la agora, lançando um forte questionamento para o centro da atividade que anima sua organização: Qual é nossa causa? Ela é percebida como significativa por nossos *stakeholders*?

Contribuição

A esta altura você já deve compartilhar comigo algumas conclusões. Empreendedorismo de Significado pressupõe criar e gerenciar negócios cuja proposta de valor tem forte capacidade de engajar de corpo e alma, isto é, de conquistar de seus *stakeholders* um altíssimo nível de comprometimento, uma militância em relação à sua causa.

Uma condição para o Empreendedorismo de Significado passa pelo nível de consciência dos que interagem com a organização. Embora a empresa não seja propriamente um divã de terapia, felizmente hoje encontramos exemplos inspiradores que colocam autoconhecimento como parte relevante em seus programas de desenvolvimento. A Natura é um excelente exemplo. Se por um lado a empresa não pode despertar o indivíduo da inconsciência de si próprio, ela pode estimular um espaço de autoanálise ampliador de consciência. Isso aumenta as chances de termos líderes maduros e protagonistas, que se sentem responsáveis por suas ações e escolhas na direção de seus mais elevados valores e propósitos. Estamos nos referindo à dimensão *vocação* do engajamento.

O Empreendedorismo de Significado também engaja pela percepção de que sua iniciativa não implica apenas um bom negócio, mas também um porquê pelo qual vale a pena se colocar a serviço. Estamos nos referindo à dimensão *causa* do engajamento.

Mas isso tudo ainda não completa uma estratégia consistente de engajamento. É ótimo imaginar o indivíduo inquieto com seu chamado, fazendo escolhas de papéis junto à organização de maneira a se sentir mais alinhado com seu propósito. É maravilhoso saber que os indivíduos que interagem com nossa empresa percebem que temos uma causa significativa por trás de nossos negócios. Mas isso não basta. É preciso que as pessoas percebam que elas também contribuem de modo significativo para essa causa. É necessário enxergar que aquilo que fazem — não importa o quê e onde — contribui de forma relevante para o propósito comum em torno do qual todos convergem.

Indivíduos mais conscientes para si próprios e para os papéis que assumem terão maiores chances de reconhecer por conta própria suas contribuições. Mas é certo que o empreendedor e sua liderança — inclusive seus líderes de RH — poderão criar políticas, símbolos e rituais que apoiam essa evidência de que a contribuição ao propósito comum vem de vários modos e de distintas áreas. Assim, a percepção de contribuição significativa é outra dimensão-chave do desafio de engajar-se de corpo e alma.

Relações

Quem já fez entrevistas de desligamento sabe que as pessoas não se desengajam em primeiro lugar de seus cargos, projetos ou metas de desempenho. Elas se desengajam das outras pessoas! Esse processo começa — ainda que silenciosa e discretamente — com o desencanto com os demais ao redor, que podem ser pares ou líderes. O efeito fundamental é a falta de identificação com as pessoas e o consequente distanciamento.

Nesse sentido, o empreendedor pode fazer toda a diferença, para o bem ou para o mal. Indivíduos em posição-chave de liderança que agem com incoerência quanto aos discursos e quanto aos valores da organização são fortemente desengajadores. Um ambiente de confiança fica mais difícil de ser construído e contamina a percepção positiva que se tinha em relação à causa por trás daquele negócio. Profissionais que lideram pelo exemplo, todavia, fortalecem a reconexão dos indivíduos com o propósito comum da organização e com seus valores mais relevantes.

Quanto mais lido com pessoas no ambiente de trabalho mais me convenço de que elas se desengajam quando sentem não mais viver relações significativas. Isso não tem a ver com amizade, mas sim com uma percepção de que há confiança, camaradagem, cooperação, troca e aprendizagem ao se relacionar com os demais. Tudo piora muito quando se percebe injustiça no sistema, sobretudo em relação à forma como as pessoas são contratadas, demitidas, avaliadas, reconhecidas, recompensadas e promovidas. A consistência das políticas de gestão de pessoas, sua adesão aos valores da organização e a abertura para que os colaboradores manifestem suas dúvidas ou contrariedades quanto a decisões tomadas podem reforçar o engajamento e evitar o desencanto, que geralmente conduz os melhores talentos em direção à porta da rua.

Domínio

Como você se sentiria se ocupasse um cargo em uma empresa cujo desafio fosse imensamente maior do que sua prontidão, assim entendida como o conjunto de suas competências, experiências e habilidades? Estresse e ansiedade aguda fariam certamente parte de seu script, sentimentos poderosos para desencantar e desengajar talentos.

Pense agora em outra situação. Imagine que seu cargo enseja um desafio percebido por você como pequeno demais à luz de sua prontidão. A percepção aqui é de estar subutilizado, de "sobrar" capacidade de ação e execução. O desafio é pequeno demais para você. Tédio e desinteresse surgem como sentimentos óbvios para aqueles nesse contexto, o que também os empurra em direção à saída.

Assumir um desafio mediano para uma prontidão igualmente mediana coloca o profissional em posição de controle. O sentimento aqui é de tranquilidade e a crença é positiva no sentido de "eu posso, eu consigo". Mas ser humano é um animal muito complexo... O que acontece se o indivíduo fica tempo demais nessa posição? Ainda que o desafio continue rigorosamente o mesmo, o sentimento que nasce é de tédio e desinteresse. Isso porque com o tempo ele ganha proficiência naquelas funções. Ele agora sabe e conhece mais. Por esse motivo, começa a sensação de que o desafio ficou pequeno, ainda que esteja inteiramente igual.

Parte dessa reflexão foi objeto de análise no capítulo 1 e provoca uma tese: antes de o indivíduo vivenciar esses sentimentos de falta de identificação com seu desafio, o líder, o gestor e a área de RH devem atuar no sentido de desequilibrar positivamente a carreira desse profissional, agora sim atribuindo-lhe um desafio maior que sua prontidão. O efeito será de aceleração do desenvolvimento profissional, de aprendizagem e performance superior sempre que esse movimento for acompanhado de uma adequada gestão da proximidade, ou seja, sempre que o profissional contar com treinamento efetivo e *on the job*, coaching, mentoring, além dos recursos necessários para execução de seu trabalho. Um movimento desta natureza tem fortes chances de conduzir o profissional ao ponto conhecido como "flow", em que a pessoa sente-se plenamente absorvida por um desafio percebido como alto com um conjunto significativo de competências e habilidades, algumas recém-aprendidas.

Novamente, aqui, a dimensão *vocação* fará diferença. Indivíduos conscientes de seus estilos, motivadores e em busca de vivenciar no trabalho seus valores pessoais e seu propósito expressarão atitude protagonista em suas ações e escolhas. Tudo fica ainda melhor quando a organização cria espaços, políticas e processos que permitam a seus profissionais identificarem seus talentos, assim entendidos como aqueles dons naturais que apresentamos e que nos singularizam. Trata-se do conjunto de características pelas quais somos reconhecidos e que nos permitem realizar certas atividades quase perfeitamente, e em mais de uma ocasião.

A pior coisa que pode acontecer durante o desenvolvimento de carreira é o indivíduo se afastar de seus maiores talentos. Veja como são comuns as histórias de jovens talentos que cresceram rapidamente em suas carreiras, assumiram maiores desafios, porém com performances frustrantes. O que pode ter acontecido? Talvez os saltos não tenham sido bem acompanhados pela organização, que não criou condições adequadas de apoio e aprendizagem. O próprio indivíduo não percebeu — talvez pelo baixo nível de consciência — que aqueles novos desafios não tinham nada a ver com seus valores e com seu chamado. Para piorar, as mudanças em sua carreira o afastaram de seus maiores talentos. Sua percepção de contribuição diminui e seu nível de engajamento fica ameaçado.

Por outro lado, ciclos de carreira conduzidos com gestão da proximidade aceleram a prontidão do indivíduo. Pessoas crescentemente conscientes para sua vocação farão escolhas cada vez mais alinhadas com seu chamado e viverão com mais intensidade seus valores pessoais mais profundos. De igual modo, estarão abertas a viver maiores desafios sem se afastar de seus talentos, que serão crescentemente desenvolvidos e se tornarão efetivos pontos fortes a serviço da causa como significativa, e pela qual vale a pena se engajar de corpo e alma.

04

Como Agem os Líderes que Engajam e Inspiram?

O título deste capítulo pode dar ensejo a pensamentos mágicos: esses líderes possuem dons anormais, incomuns e raros a não ser entre seres humanos muito especiais. Não, de fato não é por esse caminho que nossa argumentação seguirá.

Minha experiência com diferentes líderes me permite elencar um conjunto comum de conhecimentos, habilidades e comportamentos quase sempre presentes nas biografias daqueles que engajam e inspiram seus times. Concluí pela observação prática de que tudo isso pode ser aprendido e desenvolvido na liderança. Esses líderes:

Estão conscientes para a polaridade masculino/feminino

Não fique surpreso. Não se trata de um erro de impressão. É sobre isso mesmo que falaremos: a polaridade mais universal que conhecemos, o masculino e o feminino.

Na minha época como consultor de carreira era mais comum do que você imagina encontrar executivos cujas maiores dificuldades passavam pela baixa — ou nenhuma — consciência sobre esse tema. Não lhes faltava *know-how* técnico para executar seus trabalhos. Os problemas, invariavelmente, diziam respeito a turbulências nos relacionamentos com chefes, pares, subordinados, clientes, fornecedores ou parentes. O "nó" residia na qualidade das conversas e relações familiares (inclusive as conjugais) e profissionais. Eram questões emocionais e comportamentais, para as quais o conhecimento sobre como operam as energias do masculino e do feminino — em si e nos demais — teria feito toda a diferença.

Não nos referimos ao gênero homem ou mulher, tampouco a preferências sexuais. O foco está em como ambas as energias se articulam dentro de nós e o quanto de consciência somos capazes de colocar nessa questão. Independentemente do gênero e dos detalhes sobre a sexualidade de cada um, todos temos as duas energias reunidas e quase sempre estamos desatentos sobre seus efeitos em nossos relacionamentos, dentro e fora do trabalho.

Aspecto importante aqui é o significado de *polaridade*. Toda polaridade enseja um par de polos opostos, mas sempre interdependentes. Não existe um polo certo e outro errado, um recomendável e outro a ser evitado. São partes de um mesmo todo e um não existe sem o outro. Entre ambos não cabe a partícula "ou", mas apenas "e". Assim, temos lado direito e esquerdo do cérebro, tomamos decisões de vida pessoal e profissional, sentimos frio e calor, a empresa centraliza e descentraliza informações, experimentamos alegria e tristeza, somos masculinos e femininos, e assim por diante, numa existência recheada de polaridades.

Mas como compreender a energia masculina e feminina além do gênero homem e mulher? Quando reconhecer os efeitos de uma e outra? Desde tempos remotos essa conversa mobiliza crenças e teses, da filosofia à psicologia, do oriente ao ocidente. Vamos resumir e simplificá-las.

O masculino sempre esteve ligado ao senso de direção e propósito, à atitude de escolher e decidir. O feminino, por sua vez, esteve historicamente ligado à vida, ao viver, ao despertar para a luz do dia e à experiência de estar vivo. Não sem motivos a palavra *mãe* vem de *matter*, ou matéria. A associação implícita seria entre o feminino e a matéria — no caso, o *corpo* que ganhamos em vida e que encarna nossa energia vital. Força e segurança seriam temas mais do masculino, enquanto cuidar e nutrir seriam femininos. O feminino experimenta prazer quando preenchido e nutrido, enquanto o masculino quer liberar sua energia, libertar seu poder e preencher o mundo com seu propósito. Estabilidade e continuidade são masculinos, enquanto criatividade e mudança carregam muito do feminino. O masculino age ancorado na confiança em si, é ativador de seus recursos e os emprega deliberadamente para conquistar seus objetivos, enquanto que o feminino espera seu destino, é receptivo aos resultados que virão e confia no fluxo da vida. O masculino é concreto, racional, analítico e objetivo, enquanto o feminino é abstrato, intuitivo, difuso e subjetivo. O masculino arrebata, toma para si o que deseja e penetra o mundo com a força de sua essência e de seu amor. O feminino se entrega, deixa estar, recebe e não quer oferecer resistência, também por amor. O masculino quer se comprometer com metas e resultados, enquanto o feminino quer viver significado, sentido e experimentar seus valores mais profundos. Para o masculino, o propósito de qualquer conversa é uma decisão, uma clara resolução. Para o feminino, a conversa é o propósito. O masculino evolui quando desafiado a avançar, errar, corrigir e aprender. O feminino evolui pelo elogio, pelo enaltecimento e louvor.

Resumimos a comparação entre os dois polos — maravilhosamente opostos, porém sempre interdependentes — da seguinte forma:

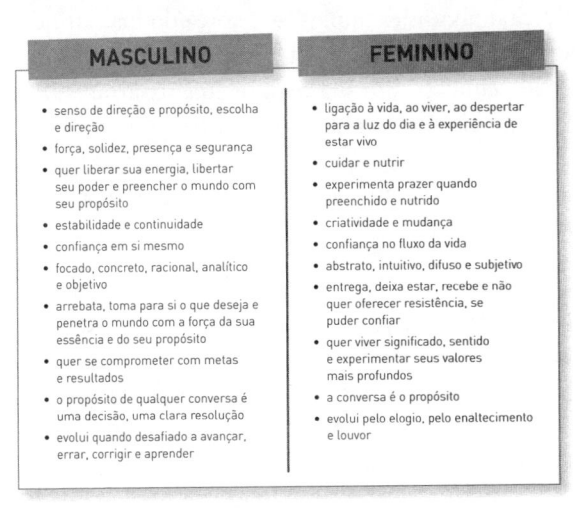

MASCULINO	FEMININO
• senso de direção e propósito, escolha e direção	• ligação à vida, ao viver, ao despertar para a luz do dia e à experiência de estar vivo
• força, solidez, presença e segurança	• cuidar e nutrir
• quer liberar sua energia, libertar seu poder e preencher o mundo com seu propósito	• experimenta prazer quando preenchido e nutrido
• estabilidade e continuidade	• criatividade e mudança
• confiança em si mesmo	• confiança no fluxo da vida
• focado, concreto, racional, analítico e objetivo	• abstrato, intuitivo, difuso e subjetivo
• arrebata, toma para si o que deseja e penetra o mundo com a força da sua essência e do seu propósito	• entrega, deixa estar, recebe e não quer oferecer resistência, se puder confiar
• quer se comprometer com metas e resultados	• quer viver significado, sentido e experimentar seus valores mais profundos
• o propósito de qualquer conversa é uma decisão, uma clara resolução	• a conversa é o propósito
• evolui quando desafiado a avançar, errar, corrigir e aprender	• evolui pelo elogio, pelo enaltecimento e louvor

Figura 9

Note como homens e mulheres — hetero ou homossexuais — apresentam tais características. Você certamente se viu em várias delas. Todos temos identificação com esses comportamentos, porque em nossa alma todos somos energeticamente masculinos e femininos ao mesmo tempo, ainda que com ênfases e calibragens diferentes.

Entretanto, repare como todos temos desafios em nos relacionar dentro e fora da família. Nossos vínculos com nosso par amoroso, pais, filhos, parentes em geral e colegas de trabalho são repletos de complexidade e armadilhas. Temos uma permanente sensação de deficit, estamos quase sempre com sentimento de dívida. Estamos sempre devendo!

O grande desafio que vivemos — na maioria das vezes — passa pelo tema das relações. Por quê? Porque ignoramos como masculino e feminino operam em nós, nos outros e na própria organização. Vivemos de modo conturbado a relação conosco, com o outro e com o mundo a nossa volta, em geral por três motivos associados a essa polaridade: *destrutividade, atrofia* e *ausência*. Vejamos.

Tanto o masculino quanto o feminino em nós podem ser experimentados em suas versões saudáveis e distorcidas. Neste último caso — só para citar alguns exemplos — a força do masculino vira brutalidade, enquanto objetividade e determinação tornam-se imposição, autoritarismo e teimosia. Em sua modalidade desarranjada, estabilidade torna-se acomodação e o arrebatador amoroso transforma-se em estuprador. Autoconfiança manifesta-se como arrogância, individualidade surge como individualismo. São alguns exemplos do masculino em sua manifestação destrutiva.

O feminino também está sujeito a distorções. A atitude de confiar no fluxo da vida, de espera otimista e receptividade com o destino pode acabar em passividade, desinteresse e descuido com as questões materiais. O desejo feminino de ser preenchido descamba para compulsões consumistas, do mesmo modo que a vontade de confiar e se entregar à vida pode se confundir com omissão. Cuidado vira apego, confiança no destino se expressa como irresponsabilidade e incapacidade para escolher, da mesma forma que intuição ganha contornos de especulação e inferência sem fundamento. A abertura para mudanças torna-se hesitação e insegurança quanto aos caminhos escolhidos.

Em forma de resumo, teríamos o seguinte:

MASCULINO DESTRUTIVO

força X brutalidade

objetividade e determinação X imposição, autoritarismo e teimosia

estabilidade X acomodação

arrebatador amoroso X estuprador

autoconfiança X arrogância

personalidade e iniciativa X individualismo e egocentrismo

Figura 10

FEMININO DESTRUTIVO

confiar no fluxo da vida, espera otimista e receptividade com o destino X passividade, desinteresse e negligência

desejo de ser preenchido X comportamentos compulsivos

vontade de confiar e se entregar à vida X omissão e descuido

cuidado X apego

confiança no fluxo da vida X irresponsabilidade e incapacidade para escolher

intuição X misticismo

abertura para mudanças X hesitação e insegurança quanto aos caminhos escolhidos

Figura 11

Evitamos a manifestação distorcida de tais energias quando colocamos consciência sobre nossos pensamentos, sentimentos e comportamentos mais deploráveis e destrutivos. Negar e fingir ampliam nossa capacidade de causar perturbação a nós e a tudo ao nosso redor. Todavia, sempre que observarmos nossa própria destrutividade — por exemplo, nos relacionamentos de toda ordem — aumentaremos as chances de retomar a versão saudável de nosso masculino e feminino. Consciência transforma essa realidade.

Outro campo de distorção passa pela atrofia de uma dessas energias. Independentemente do gênero e da preferência sexual, estar quase que exclusivamente ligado apenas a uma das energias — anulando a outra — será elemento inibidor de boas relações. Alguém que só opera na energia masculina, bem como aquele que enxerga somente com a lente feminina, viverá um autismo para si mesmo e para os demais ao seu redor. Sua relação soará como rasa, superficial e incompleta. Conscientes ou não, serão indivíduos que se sentirão inaptos para lidar com pessoas e sua crença será de que "não servem para se relacionar com ninguém". De tanto acreditar nisso — e de se afastar ainda mais da energia que lhes falta — aumentarão as chances de viver a energia que têm — a única que têm — em suas versões destrutivas. Ou, na melhor das hipóteses, mergulharão na solidão e na misantropia, terão aversão ao ser humano e à natureza humana no geral, serão sempre desconfiados dos outros e com forte tendência para antipatizar facilmente. "A humanidade está empobrecida moralmente e não merece alguém decente e íntegro como eu", será seu pensamento recorrente, a justificar e amplificar seu isolamento e sua decepção com as pessoas.

Existe uma terceira razão para relações malsucedidas, especialmente aquelas ligadas ao amor e ao sexo: a ausência de polaridade. Explico. Todo relacionamento com seu par amoroso depende de polaridade, no seguinte sentido: um opera com maior ênfase no masculino, enquanto o outro opera no feminino. Mas isso não significa desconhecer e neutralizar sua outra energia: naquele momento estou no meu feminino, enquanto minha parceira está no seu masculino, e inverteremos os polos em outros instantes. Podemos brincar livremente com essa alternância, desde que a polaridade esteja presente. A polaridade é especialmente importante no amor e no sexo, independentemente se nos referimos a casais hetero ou homossexuais. Um brinca com o masculino, enquanto o outro mergulha em seu feminino.

A esse respeito, tenho observado uma questão particularmente relevante para distúrbios entre casais em crises de relacionamento. Imagine um casal heterossexual em que o homem tem uma ênfase no feminino e uma mulher com preponderância em seu masculino. A rigor, a polaridade está presente e, portanto, amor e sexo terão seu lugar. Trata-se de uma relação que pode durar muito, ou seja, uma história que pode dar certo por longos anos, dada a presença da polaridade. Algum tempo depois — às vezes, muitos anos depois — uma das partes se cansa do que parece ser (ainda que inconsciente) um jogo de papéis trocados. Ele sente que precisa ampliar sua energia masculina, no mesmo instante em que demanda mais o feminino por parte dela. A crise pode disparar do outro lado: ela sente falta de seu feminino, quase na mesma proporção em que reclama pelo masculino nele. Há, dessa vez, um desejo de inversão dos polos: ele quer reforçar seu masculino, ou ela deseja ampliar seu feminino; ele a quer mais em seu feminino, ela o deseja mais em seu masculino.

Não é comum que ambos enxerguem isso ao mesmo tempo. Quando os dois fazem esse movimento o resultado é bom para superação da crise mais rapidamente. Mas o normal é que o incômodo nasça primeiro em um deles. Alguma fagulha em sua vida pessoal ou profissional dispara a necessidade de ampliar consciência e de viver mais do polo do qual estava mais distante. Se esse movimento se tornar de um só, sem provocar mudanças voluntárias na postura do outro, dificilmente o final da história será outro que não a separação. São aqueles casos de separação aos 20 ou 30 anos de casados.

Por outro lado, teremos relacionamentos terminados precocemente quando ambos estiverem no mesmo polo: dois no masculino, ou ambos no feminino. Quando relações assim acontecem, sua duração é geralmente curta. A ausência de polaridade nas relações de amor e sexo tende a encurtá-las sobremaneira.

Por todos esses motivos, fica mais fácil afirmar a vantagem dos líderes na construção de vínculos dentro e fora da empresa quando possuem consciência para a polaridade masculino e feminino. Tornam-se mais aptos para as relações consigo, com o outro e com o mundo ao seu redor pois sabem operar em ambos os polos, no mesmo instante em que conseguem reconhecê-los nos demais. Do mesmo modo que têm autoconfiança e escolhem com assertividade sua direção, são capazes no minuto seguinte em confiar no fluxo da vida, em esperar que o destino aja com sua própria lógica e sabedoria. Ele ativa o futuro e o espera com receptividade. Propriedades masculinas e femininas, operando em harmonia.

É possível vislumbrar como o mundo corporativo tem amplificado esses problemas. Mulheres tornam-se crescentemente masculinas, homens flertam cada vez mais com valores femininos. Trazidas essas questões para os relacionamentos em seus detalhes mais íntimos, muita confusão se intensifica quando ambos estão mergulhados na falta de consciência para o tema. De igual modo, note como o mundo da gestão tem valorizado crescentemente a alma feminina nas organizações. Perceba como cada vez mais você ouvirá coisas do tipo "precisamos ampliar espaço para amor e carinho nas relações com nossos *stakeholders*", "é preciso abrir mais espaço para falarmos sobre ética, significado e propósito", "precisamos aprender mais sobre a energia feminina de nossa organização". Um líder que lida bem com tais questões terá inegável vantagem.

Transitam em todos os níveis de consciência

Uma empresa é um conjunto de grupos formais e informais de pessoas. Os grupos informais se constituem à revelia da liderança e independem de sua vontade: unem-se espontaneamente indivíduos com identidades sociais, sexuais, culturais, religiosas, comportamentais etc.

Mais ainda, essas pessoas têm níveis distintos de consciência. Uns têm alta intimidade consigo mesmos (a minoria, infelizmente). São maduros emocionalmente, olham para si recorrentemente de modo crítico, mas não julgador, e são capazes de enxergar qual é sua parte — sua responsabilidade — em tudo o que ocorre ao seu redor. Mais do que trabalhar, são pessoas que vivem seus propósitos e respiram seus valores. Transformam suas tarefas em causas significativas e colocam seus maiores talentos a serviço delas. Mais do que colaboradores, tornam-se militantes do propósito da empresa e quase sempre exercem múltiplos papéis: são funcionários, clientes e acionistas.

Entretanto, outros (a maioria, infelizmente) esboçam comportamento isolado e alienado. Seus chefes são sempre os culpados pela vida tenebrosa que experimentam todos os dias. Seus gestores são pessoas ingratas, insensíveis e incapazes de reconhecer seu valor. Suas famílias — especialmente pai e mãe — são os grandes algozes de sua existência: seus problemas de vida e carreira guardam relação direta com seus progenitores, origem de todas as disfunções que experimentam. Não constroem vínculos com os demais e encaram a empresa como intrusa e invasiva. A cada nova iniciativa comunicada pela organização, sua reação padrão é "lá vem eles de novo", "já vi isso antes", "isso não vai dar em nada". Sua rotina segue rigorosamente o relógio: entra e sai com o compromisso principal de cumprir horários, e nada mais.

Não pense que indivíduos com tal comportamento encontram-se apenas na base da pirâmide: estão por toda parte, com diferentes graus de formação acadêmica, faixas etárias, competência funcional e demais características. Você encontrará alguém com esta linguagem e atitude no "C-Level" ou na portaria da fábrica.

Os líderes que engajam e inspiram sabem reconhecer os diferentes níveis de consciência. Conseguem, sobretudo, falar no nível de consciência de cada um. Reconhecem que tipo de comunicação fará sentido para cada nível e que necessidades prementes estão ao alcance dos olhos de cada um deles. Tais líderes desejam, principalmente, apoiar essas pessoas a saltar para estágios superiores e adotar linguagem e atitude de níveis mais altos. Querem, inclusive, que esses indivíduos experimentem as vantagens do crescimento pessoal e profissional, porque adotam como crença sua e da organização que todos podem ser estimulados a níveis de consciência de maior altitude e amplitude. Suas recompensas passam por testemunhar os saltos de evolução naquelas pessoas que se abrem para o desenvolvimento, e que aos poucos adotam outra linguagem e novos comportamentos, típicos de camadas superiores.

Por fim, líderes que engajam e inspiram agem mais do que falam. Evidenciam com seu próprio exemplo o que desejam ver nos demais. Buscam de modo permanente formas para alinhar seus valores aos da organização, e estimulam seus times na mesma direção. Esforçam-se para viver com coerência seu propósito de modo mais convergente com o propósito organizacional, e também estimulam todos à sua volta a fazerem o mesmo.

Trabalham como forma de expressar seus propósitos

No limite, não há líder que engaja e inspira com "emprego". Como já discutimos nos capítulos anteriores, são profissionais vivendo causas significativas, construindo empresas e negócios maiores do que eles, com impacto positivo *multi-stakeholder*.

Não importam setor e tamanho da empresa: esses líderes sentem-se biógrafos de si mesmos e da organização. Mais do que gerir suas carreiras com sucesso, são pessoas escrevendo histórias inspiradoras, capazes de abrir caminhos para outros líderes e empreendedores. Seus legados serão longevos e muitos desejarão aprender com seus exemplos.

Seu comportamento é orientado por seu sistema de valores, que por sua vez se alinham aos da empresa. Suas decisões são incansavelmente caminhos para tornar o propósito organizacional uma verdade — mais do que uma excelente intenção — e, com isso, viver na prática a realização ao mesmo tempo de seu propósito de vida. Sua maior ambição: inspirar os demais a viverem a mesma experiência.

Vivem na prática os valores da organização

Dave Ulrich e Wendy Ulrich, autores de *Por Que Trabalhamos*, afirmam: "Grandes líderes entendem que a busca por significado (...) baseia-se na clareza sobre os valores individuais e organizacionais mais verdadeiros e seu alinhamento. Esses líderes afirmam seus valores por meio de suas escolhas de vida e ajudam as pessoas a fazerem o mesmo".

Ideias que, na minha experiência, sinalizam corretamente o alinhamento ideal entre líder e organização na questão de valores. A liderança conduz a companhia à maior clareza possível quanto a seus valores, no mesmo instante em que estimula que seus times ampliem consciência para os valores que direcionaram as decisões e escolhas que fizeram em suas trajetórias pessoais e profissionais. O mecanismo principal utilizado pelo líder é muito simples: o exemplo. Ele se vale de todo contexto vivido na organização para sinalizar como seus processos decisórios estão ancorados nos valores da empresa e de como estes se alinham com seus princípios pessoais. Exemplos de situações vivenciadas pelo líder — e de como seu sistema de valores foi acionado para direcionar o caminho a ser escolhido — são instrutivos, inspiradores e pedagógicos no sentido de reforçar a compreensão acerca dos valores no dia a dia.

Gosto de brincar com meus alunos e clientes com a seguinte ideia: é na empresa e no casamento que vivemos intensamente a realidade de diálogos difíceis. Você discorda? Podem existir situações onde seja necessário exercitar o tempo todo conversas corajosas? Pense no cotidiano de qualquer organização, mergulhada na complexidade, com incertezas e instabilidades por todo lado. Serão recorrentes os momentos críticos, em que decidir não será um verbo fácil de conjugar. São esses os contextos mais indicados para balizar as discussões e decisões à luz do sistema de valores organizacionais. Digo sistema porque há sempre uma hierarquia implícita ou explícita. Vejamos.

Imagine uma empresa com 5 valores: *Pessoas, Inovação, Adaptabilidade, Simplicidade* e *Franqueza*. Existem momentos-chave que nos obrigam a fazer escolhas que não contemplarão simultaneamente todos os valores. Por exemplo: uma forte crise em nosso mercado comprador exigirá dos gestores a tomada de decisões: lançar imediatamente uma nova solução de produtos e serviços (Inovação), revisar políticas comerciais (Adaptabilidade) e cortar gastos com a folha de pagamento (Pessoas). Como conciliar tudo isso?

Em primeiro lugar, não basta ter os valores definidos. É preciso homogeneizar seus significados, ou seja, quando dizemos "Pessoas" ou "Simplicidade", por exemplo, quais significados por trás desses valores queremos ressaltar como essenciais, ou seja, aquilo de que não podemos prescindir. Mais ainda, além dos significados que sinalizam com clareza o que estes valores querem dizer para nós, é preciso ter um conjunto de comportamentos desejados que reforçam tais valores. Significados dos valores e comportamentos desdobrados a partir deles criarão indicações orientadoras para os processos decisórios. Mas mesmo com tudo isso a vida ainda será difícil.

Voltemos para o exemplo acima. Diante da referida crise, vamos primeiro cortar pessoas ou lançar novos produtos e serviços? Vamos escolher ambos os caminhos ao mesmo tempo? Avisaremos nossos gestores que os cortes na folha ocorrerão, em nome do valor *Franqueza*? Somos irrestritamente francos, ou nossa transparência tem limites? Vamos revisar primeiro nossas políticas comerciais, em nome da nossa *Adaptabilidade*, esperar pelos resultados e depois inovar e cortar pessoas, se preciso? Faz sentido este raciocínio? Como vivenciar nosso valor *Simplicidade* em meio a situações caóticas? Afirmo sem um milímetro de dúvida: são em momentos assim que líderes conscientes e atentos para o tema dos valores (individuais e organizacionais) podem engajar e inspirar ainda mais seus times, fazê-los sair da crise com o sentimento de "acredito ainda mais no que estamos fazendo aqui".

Contextos difíceis como esses não podem se descolar da orientação que os valores da organização ensejam. O líder que engaja e inspira brilhará particularmente nesses casos: abrirá uma conversa com seu time associando outros momentos de sua biografia pessoal e da história da empresa em que desafios semelhantes foram enfrentados, e quais valores sinalizaram as melhores escolhas. Evidenciará a necessidade de se ter uma hierarquia para os valores, sobretudo diante de decisões muito difíceis. Evidenciará com seu exemplo, principalmente, como faz diferença buscar nos valores as pistas para o processo decisório, e como fica mais fácil comunicar e legitimar cada ação tomada quando alinhadas coerentemente com os valores. Ademais, o líder sabe que é fortemente engajador usar esses momentos para desafiar suas equipes a ampliar consciência para si próprios, para se enxergarem com maior nitidez em tais situações e para que elas mesmas elevem a percepção para tudo aquilo que consideram ter um valor profundo, atributos pelos quais vale a pena se engajar de corpo e alma.

Operam com uma lente *multi-stakeholder*

No século XXI, líderes que engajam e inspiram não gerenciam com os olhos postos apenas em acionistas e investidores. Obviamente, representam dois grupos de interessados diretos no negócio. Mas que não são os únicos! E tampouco podem ser vistos como os mais importantes. São *stakeholders*, como todos os demais.

A lente da liderança precisa ser multifocal e sua ambição é adicionar valor para todos os *stakeholders*, contra aquela visão tradicional de "retorno para o acionista". Não faz sentido estimular decisões do tipo um ganha, outro perde. Clientes, colaboradores, fornecedores, sociedade, comunidade de entorno e governos são partes interessadas que precisam ser contempladas nas reflexões e nos processos decisórios, tanto quanto acionistas e investidores.

Tenho particularmente uma preocupação com empresas — no exterior e no Brasil — tiranizadas por administrações focadas em trimestres. É a lógica das empresas de capital aberto, preocupadas em agradar as expectativas — realistas ou não — de analistas financeiros, que trimestralmente dão seus veredictos sobre a empresa, com impactos diretos sobre o valor de seus papéis (ações). Tudo se complica quando os executivos têm sua remuneração fortemente atrelada ao valor das ações. Ficam fortemente tentados a tomar decisões com a lógica do super curto prazo, em prejuízo muitas vezes da sustentabilidade e solidez delas. Gerenciar com olhar múltiplo a todos os *stakeholders*, nesses casos, torna-se quase ficção científica. Razão pela qual muitas empresas brilhantes deixam de sê-lo toda semana.

Alinham sonho grande com gestão eficaz e eficiente

Distantes da visão empobrecida de curto prazo — e com uma diferenciada visão *multi-stakeholder* — líderes que engajam e inspiram articulam duas ambições simultâneas: um sonho grande com uma gestão eficaz e eficiente.

Alguém desavisado cometeria um equívoco ao imaginar que tais líderes sabem sonhar — e por isso sabem inspirar a todos — mas odeiam as questões mais concretas do mundo da gestão. Errado. Primeiro, porque sabem que diante da complexidade em que vivem não pode existir "ou", mas apenas "e". Segundo, porque conhecem o gosto de concretizar sonhos, valorizam a recompensa de ver as coisas acontecerem. Desse modo, sabem ler os principais demonstrativos econômicos, financeiros e sociais da organização e dedicam tempo para acompanhar os indicadores que sinalizam quando seu time faz o que é preciso fazer (eficácia) e quando isto ocorre dentro da melhor equação de tempo e custo envolvidos (eficiência).

"Sonhar pequeno dá o mesmo trabalho de sonhar grande". Na frase, atribuída a Jorge Paulo Lehman, infere-se a conclusão óbvia de que sonhar pouco e baixo é perda de tempo. Sonhar grande, por outro lado, é projetar um futuro desejado com altitude e amplitude. Esse é o tipo preferido de linguagem da alma, que não aceita negligência, que não fica seduzida por nada que não seja reluzente, convidativo e estimulante.

No mundo corporativo a conjugação desse verbo tem lugar nos exercícios de "visão de futuro", quase sempre realizados no contexto de planejamento estratégico. Também é normal revisitar a visão quando a empresa trabalha aspectos de sua cultura.

A visão de futuro serve essencialmente como um convite. Mas preste atenção: é um convite, e deve ser percebido como um convite muito bom, a ser desejado com vontade ao gerar em todos os *stakeholders* sensações do tipo "quero estar lá", "quero fazer parte disso". Confesso que já li alguns textos de visões de futuro de organizações que mais pareciam convite para uma consulta ao proctologista, com direito a colonoscopia grátis na saída...

Uma visão inspiradora não pode soar como irresponsável, maluca e descabida. Por maior que seja, o sonho deve guardar coerência com a estratégia em curso, com iniciativas já discutidas — e valorizadas pela ação cotidiana da liderança — que servirão de caminho para o futuro planejado e desejado. Sonhos devem estimular a vontade coletiva de estar lá, de participar da jornada que conduz a esse lugar.

Fazem a ponte entre os lados esquerdo e direito do cérebro

O mundo corporativo é excessivamente influenciado pelo lado esquerdo do cérebro: lógica, análise, racionalidade, estrutura, processos etc. É impossível abrir mão da maneira como operamos nesse lado, mas não é saudável anular o direito, do qual dependem nossa criatividade, intuição e capacidade para abstração.

A inovação, por exemplo, é pauta obrigatória em toda organização preocupada em não desaparecer precocemente. Como fazê-lo sem a integração entre lado esquerdo e direito? Vejo, felizmente, um movimento saudável nesse sentido. Como a necessidade é mãe das grandes realizações, a obrigação de inovar trouxe mais consciência para nossa porção organizacional mais criativa, típica do lado direito. Como afirma Daniel Pink em seu livro *O cérebro do futuro*, "durante quase um século, a sociedade ocidental em geral e a americana em particular têm vivido sob a hegemonia de uma forma de pensamento e de uma visão de mundo estreitamente redutoras e acentuadamente analíticas. (...) Mas isso está mudando". A mudança pressupõe a ponte entre o lado direito e esquerdo do cérebro, ou seja, enxergar o novo com o direito e o tornar uma realidade concreta com o esquerdo.

Quando se fala de inovação muitas vezes as primeiras perguntas costumam ser: Que ferramentas usaremos? Que metodologias empregaremos? Quais processos? Que políticas? De onde virão os recursos? Como montaremos esse time? Perguntas absolutamente pertinentes, e clássicas para o lado esquerdo do cérebro. Nenhuma delas representa "excesso de bagagem", nenhuma está sobrando. Todas são essenciais, mas não são suficientes. A beleza de estabelecer a ponte com o lado direito pressupõe somar outras questões, tais como:

- Como faremos com que as pessoas enxerguem o significado dessa iniciativa?

- Como nossos *stakeholders* perceberão sentido e conexão dessa iniciativa com nosso propósito?

- Como liberar o potencial criativo das pessoas envolvidas?

São perguntas simples, porém poderosas pontes entre os lados esquerdo e direito. Os indivíduos estarão ainda mais engajados na empreitada sempre que conectados com seu significado. A equipe avançará na direção da inovação quando a organização abre espaço para a imaginação.

Inovar passa primeiramente por imaginar, ou seja, o ato de produção de imagens, com a associação livre de elementos imaginativos — tudo aquilo que é real e está presente apenas em nossa mente — com elementos imaginários — aquilo capaz de ultrapassar a fronteira do que é possível e conhecido na prática em nossa realidade. Imaginação, portanto, enseja a fagulha capaz de criar um incêndio criativo. Criatividade, por sua vez, existe sempre que a organização cria espaços para a imaginação, isto é, criar pressupõe colocar a imaginação em prática. Inovação, assim, passa por colocar a criatividade em prática, enquanto que o empreendedorismo significa colocar a inovação em prática.

Líderes que engajam e inspiram seus times de corpo e alma aprendem e praticam a linguagem de ambos os lados do cérebro, e estimulam seu pessoal na mesma direção.

Adotam uma prática integral: corpo, mente, espírito e emoção

Estar vivo é uma experiência fracionada: separamos vida pessoal e profissional, eu e você, você e o outro, você e o mundo, nós e eles, etc. Nossa percepção é sempre *dual*, ou seja, experimentamos tudo por meio da *dualidade*. Esse modo de vida fragmentado, em pedaços, é pura "invenção" humana, uma abstração e uma limitação em nossa percepção.

Na essência, a vida é *una e indivisível*, ao invés de dual. Nosso desejo inato é por experimentar a *unicidade*, e não a *dualidade*. Alguém entre nós precisaria convencer o universo de que ele está separado de nós, e nós dele... Na realidade, tudo o que é concreto e subjetivo está emaranhado, correlacionado e interdependente. As partes somadas criam significados maiores do que o todo, assim como há um pouco do todo em cada uma das partes.

Há um cunho filosófico razoável nesse tema. Assim, cabe a pergunta: como a liderança pode apoiar seus times na direção de uma jornada menos fragmentada? Vamos simplificar a conversa. Creio que um passo objetivo passa pelo reforço da *perspectiva integral*.

Em primeiro lugar — e pelo fato de o mundo corporativo ser excessivamente lado esquerdo do cérebro — nossa percepção como seres está quase toda calibrada pela mente. Ocorre, porém, que nosso ser inclui a mente mas a transcende, pois não há um ser humano que não seja *mente, corpo, espírito* e *emoção*.

Temos a dimensão óbvia da *mente*, pois viver é e deve sempre ser uma experiência de aprendizagem para ampliação de consciência. Mais ainda, é na perspectiva mental que decodificamos o mundo, criamos nossos processos internos de análise, julgamento e escolha. Acumulamos informações, conhecimentos e habilidades que se tornam o combustível das nossas realizações, bem como filtros do que consideramos bom e ruim, bem e mal.

Somos igualmente *corpo*. Despertar consciência corporal e integrá-la ao nosso ser torna-se vantagem singular. Desde o primeiro instante, no nascimento, nosso corpo fala por meio de expressões, colorações, movimentos e todas as possíveis formas sutis ou ostensivas de comunicação. Perceba como a mãe de qualquer recém-nascido rapidamente aprende a fala implícita em cada expressão corporal da criança. Ao longo dos anos, todavia, a maioria de nós perde essa inteligência inata, desconecta o fio que liga cada átomo aos nossos diversos canais de percepção e interação conosco, com o outro e com o mundo à nossa volta.

A dimensão do *espírito* é aquela capaz de ampliar a saudável inquietação que abre caminhos para a busca de sentido e significado em nossa jornada. Trata-se da sede e da fome por se ligar a tudo o que nos aproxima de algo maior do que nós mesmos. Precisamos de tal perspectiva para nos religar com valores universais, com o transcendente, com o sagrado — não necessariamente religioso — e com a sensação de fazermos parte de algo grande, universal e eterno.

Por fim, é impossível desconectar uma dimensão óbvia em nosso ser: a *emoção*. Nosso comportamento estará sempre vinculado ao nível de consciência sobre nossos pensamentos, sentimentos e comportamentos, seu maior ou menor desalinhamento e o quanto somos capazes de nos sentir responsáveis por nossas ações e escolhas, inclusive no que tange a nossos relacionamentos.

Líderes que engajam e inspiram não perdem de vista que mente, corpo, espírito e emoção são parcela não fragmentada de um único todo. Lidar com pessoas depende do quão bem-sucedidos somos em criar experiências integrais, que toquem essas dimensões. Novamente, tais líderes adotam seus exemplos como caminho de persuasão e sensibilidade junto aos liderados, pois quando falam e agem trazem a todo instante um olhar integral, que alinha essas perspectivas. Tais líderes estimulam seus times para discursos e práticas integrais.

Por último, a integralidade de nossa fala e ação também depende do quão alinhadas estão as dimensões do "eu" e do "nós". Meus anos como executivo e consultor trouxeram-me uma certeza: climas organizacionais que vão se deteriorando, e que pioram nos indicadores de engajamento, quase sempre ensejam desequilíbrio entre as dimensões individual e coletiva. Seja lá qual for sua iniciativa, a empresa precisa de clareza sobre como seus indivíduos pensam e sentem esses fatores, ou seja, como impactam seus comportamentos, que influências terão sobre seus relacionamentos interpessoais. Em suma, como todas essas questões reforçarão — ou enfraquecerão — a missão e os valores da organização, e como se refletirão nos ambientes, sistemas e processos da empresa.

Engajar e inspirar dependem, essencialmente, da calibragem entre elementos individuais e coletivos. Líderes com visão integral ampliam naturalmente a altitude e a amplitude de seu olhar e ação.

Manejam as cinco variáveis do trabalho significativo

Vocação, *Causa*, *Contribuição*, *Relações* e *Domínio* são variáveis às quais recorrem permanentemente os líderes que engajam e inspiram. Quanto mais eles vivem essas variáveis em sua própria jornada, tão mais eficazes serão em apoiar seus times no engajamento por meio delas.

Vimos em detalhes, nos capítulos anteriores, como cada variável dessas age na relação indivíduo e organização. Tudo que lá dissemos pode ser resumido lembrando que líderes que engajam e inspiram:

1. Apoiam seus times a ampliarem consciência sobre seus chamados, seus propósitos;

2. Viabilizam negócios e atividades ancoradas em causas significativas, com as quais vale a pena se comprometer em alto nível;

3. Orientam seus liderados sobre como empregar seus melhores talentos de modo a enxergarem com clareza suas significativas contribuições;

4. Esforçam-se para estimular cooperação, colaboração, camaradagem e confiança entre as equipes, com qualidade na conversa e na relação interpessoal;

5. Estimulam as pessoas a viverem desafios com aprendizagem pessoal e profissional crescentes.

05

Liderança, Cultura e Engajamento

Neste último capítulo, discutiremos o modelo de engajamento que tenho levado às organizações, ao qual atribuo a denominação de *engajamento integral*, em que a Cultura é a grande "liga" entre indivíduo e organização. Cultura e Engajamento são responsabilidades fundamentais da Liderança. As características essenciais do engajamento integral são:

- Implementam-se com sucesso em organizações com clareza em seus valores;

- Ampliam o nível de comprometimento dos indivíduos com a organização — e vice-versa — quando existe uma Cultura clara e vista como o melhor caminho de alinhamento entre as pessoas e a empresa;

- Combinam a dimensão individual com a coletiva em suas diversas perspectivas.

Vejamos.

A empresa gerida por valores

Estou convencido de que qualquer modelo consistente de engajamento passa primeiramente por uma decisão da liderança: construir uma organização gerida, de fato, por valores. Mas por quê?

Primeiramente, porque dá certo. Fica mais sadia a razão pela qual as pessoas querem trabalhar — e se manter — em empresas assim. Dá certo inclusive do ponto de vista do êxito dos negócios. Para Richard Barrett — um dos especialistas mundiais no tema:

> *Nesta passagem de século, estamos começando a perceber que organizações dirigidas por valores estão no topo das pesquisas de lucratividade e popularidade. As pessoas estão clamando por trabalhar em organizações que as vejam em sua plenitude, oferecendo oportunidades que dão significado e propósito às suas vidas, permitindo que elas expressem toda sua criatividade.*

Isso é especialmente importante para o engajamento, pois quando as pessoas trabalham para empresas que têm valores com os quais se alinham, e fazem uso de seus talentos quando envolvidas em projetos ou atividades, elas entram em contato com seus maiores potenciais, inclusive criativos e inovativos. Tornam-se colaboradores com acesso à sabedoria e intuição de suas almas, como defende Barrett. Suas energias emocionais têm origem naquilo em que acreditam e valorizam, algo que faz muita diferença para a percepção geral do indivíduo em relação a seu trabalho: como se refere às tarefas que realiza, o que fala sobre a empresa para amigos e parentes e como manifesta opiniões e sentimentos quando se refere às pessoas com as quais trabalha. De modo geral, seu olhar para o trabalho, a empresa e seus colegas se torna cada vez mais positivo.

Valores dão significado à vida das pessoas e organizações. Quando existe um alinhamento entre os valores individuais e corporativos, as pessoas maximizam seu potencial e expressam toda sua melhor criatividade.

A Cultura Organizacional como a grande liga entre indivíduo e organização

Aprendi na prática com alguns erros e outros acertos que não funciona falar de engajamento sem que a cultura organizacional esteja clara. E do que estamos falando?

Veja a Figura 12 abaixo:

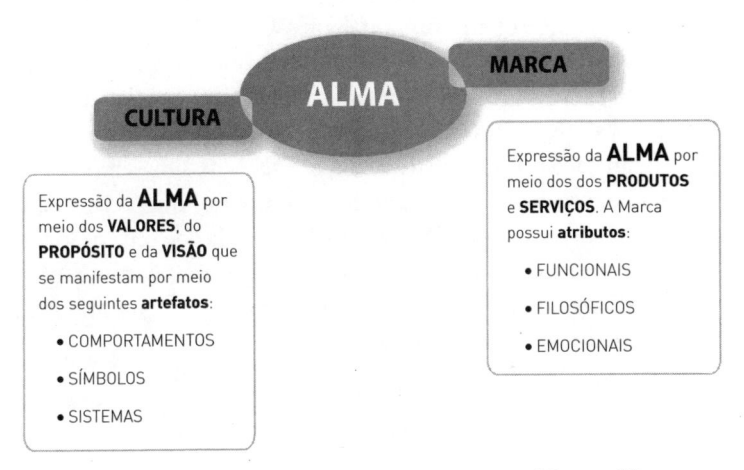

Figura 12

Veja que no centro, entre *cultura* e *marca,* colocamos a ALMA da organização, no sentido de sua identidade, essência, seu DNA. Prefiro a palavra alma porque espelha a essência imortal da organização, tudo o que é mais perene e que transcende o curto prazo. Muita coisa mudará ao longo da história de um negócio, mas sua alma não: um legado direto de seus fundadores, quer sejam pessoas físicas ou jurídicas.

Dessa forma, a cultura é expressão da alma por meio dos valores, propósito, missão e visão, que se manifestam por meio dos *comportamentos, símbolos* e *sistemas* (os chamados "artefatos da cultura").

Já falamos sobre quão virtuoso se torna o desdobramento dos valores em comportamentos, que são capazes de confirmar não apenas os valores em si, mas de tornar mais real o propósito organizacional, sua missão e visão.

Símbolos também representam manifestação importante da cultura e guardam conexão com:

- Histórias dos fundadores, suas lendas e mitos: vasculhe a história de grandes empreendedores e as sagas na fundação de suas empresas que os eternizaram. Sam Walton, José Ermírio de Moraes, Steve Jobs, Olavo Setúbal, José Mindlin, Jorge Paulo Lehman, entre outros. Você notará como o estilo, a visão de mundo e os valores desses indivíduos forjaram o jeito de ser e fazer das organizações que construíram. O DNA de uma empresa é diretamente influenciado por quem a fundou, quer sejam pessoas ou outras empresas. Trazer à luz as histórias de seus fundadores — com todas as lendas e mitos que costumam acompanhá-las — dá sentido ao que se fala e faz na empresa, no mesmo instante em que reforça a cultura desejada.

- Priorização do Tempo na Organização: um aspecto chave para caracterizar a cultura está relacionado à forma como priorizamos o tempo. Imagine que o discurso da liderança promete amor eterno a alguma coisa (pessoas, clientes, ética etc.), mas o dia a dia denuncia a incoerência: quando é preciso investir tempo nestes temas, a agenda sempre fica "apertada", e a conversa sobre eles vai para o fim da fila, na melhor das hipóteses. Por essa razão, é fato afirmar que a verdadeira cultura de uma empresa — aquilo que valorizamos realmente — esconde-se no modo como priorizamos tempo para cada assunto.

- Priorização dos Investimentos: olhar como a empresa define seus investimentos é a forma mais eficaz de compreender sua cultura. O budget é a hora da verdade sobre o que de fato tem valor para a organização, aqueles aspectos de que ela não quer e não pode abrir mão. Escolhas orçamentárias reafirmam o que de verdade valorizamos.

- Priorização das ações em tempos de tensão e/ou crise: rever os momentos críticos do passado e a maneira como os líderes agiram e fizeram escolhas costuma ser um modo eficaz para decodificar a cultura. A ação da liderança em momentos de crise pode reafirmar tremendamente a cultura, ou inocular no sistema uma percepção negativa de incoerência entre discurso e atitude.

- Evolução dos profissionais mais representativos da Cultura desejada: sempre que os indivíduos mais engajados com a cultura são percebidos pelos demais como "profissionais que deram certo", mais efeitos virtuosos trarão para a reafirmação da própria cultura, que se realimenta do êxito daqueles que são sua maior expressão, tanto na fala quanto na atitude. O inverso também é verdadeiro: a estagnação daqueles vistos como representativos do jeito de ser e fazer da organização enfraquece a cultura desejada. Crescer pessoal e profissionalmente alinhado à cultura é um caminho sólido para fortalecê-la.

- Layout, estacionamento, refeitórios e demais sinais visíveis de status: em minha experiência profissional vi poucos assuntos capazes de causar grandes perturbações como estes: como disponibilizar espaço físico, mobília e equipamentos para os colaboradores, oferecer vagas nos estacionamentos e como gerenciar os refeitórios. As mesas devem ter tamanhos diferentes conforme o cargo das pessoas? Uns merecem cadeiras de diálogo, outros, cadeiras com braços e espaços mais generosos? E o *corner room*, aquele canto maravilhoso com mais janelas? O direito às janelas deve seguir a lógica do organograma? Vale separar um refeitório para a diretoria e outro para os demais? E o que falar sobre as vagas nos estacionamentos? A verdade é que não existe verdade absoluta sobre como disciplinar tais temas. Não existe um "jeito certo" de fazer, mas sim o "nosso jeito certo de fazer", aquele tido de experiência que silenciosamente confirma de modo consistente nosso DNA, nossa identidade. Uma simples decisão sobre o uso dos banheiros, lanchonetes ou vagas para estacionar pode colocar sob forte questão e senso de coerência nossos valores e nossa essência. Eis a razão pela qual a maneira como decidimos sobre esses aspectos precisa tomar a cultura como ponto de partida, de modo a criar em todos uma experiência forte de contato com os valores organizacionais em cada situação cotidiana, do momento em que estacionamos nosso carro até todos os demais instantes em que interagimos com os espaços físicos. Cuidado: isso vale para todos os *stakeholders*, e não apenas para a relação com os colaboradores.

- Rituais: devemos celebrar os aniversariantes do mês? Como? Um e-mail simpático de parabéns, homenagens pessoais e exclusivas, ou festas com todos os aniversariantes? Que rotinas de reuniões devemos ter com fornecedores, clientes, acionistas e demais *stakeholders*? Como devem ser os comunicados para convidá-los? Devemos celebrar fechamentos de novos contratos e todo tipo de metas atingidas, e com que periodicidade? Preste atenção: gerir a cultura organizacional é fazê-lo em seus detalhes. Nosso jeito de ser e fazer — e aquilo que de fato tem valor para nós — esconde-se fortemente nos rituais de gestão. Um simples comunicado de convocação para qualquer tipo de encontro pode disparar uma mensagem dissonante em relação à cultura. Ao lê-lo alguém pensará "nossa, isso não parece conosco", "não é assim que fazemos as coisas por aqui". Novamente, não existe "um modo único, correto e universal" para definir e gerenciar rituais de gestão, porém formas mais ou menos compatíveis com nossa alma. Todo tipo de ritual de gestão é um poderoso aliado da cultura — ou seu frontal ofensor.

- Propaganda: empresas capazes de engajar por meio de sua cultura são extremamente cuidadosas ao lidar com qualquer esforço de marketing e comunicação, seja lá de que natureza: propaganda, publicidade e promoções de venda. A chance de criar experiências incoerentes com o DNA Organizacional é enorme quando a ação enseja descuido e desatenção. Lembro de alguns episódios nesse sentido quando trabalhava na Natura, especialmente de um momento em que certa propaganda veiculada "não parecia a Natura". Era desse modo que comentávamos uma certa campanha que "não tinha a nossa cara". Veja como a cultura funciona em tais casos: provoca uma sensação desconfortável de que "esse não é nosso jeito de ser e fazer". Todo esforço de comunicação — para dentro ou para fora da organização — pode reforçar ou enfraquecer a cultura desejada. Momentos de consolidar a cultura exigem cuidado até mesmo com a forma como redigimos nossos e-mails, sobretudo quando assinados pela liderança.

Sistemas também compõem os chamados "artefatos de cultura" e são essenciais para o fortalecimento da cultura pois criam o que podemos chamar de "relação concreta" com o DNA Organizacional.

Quando usamos a palavra "sistemas" não nos referimos apenas aos diferentes softwares utilizados na gestão. Na verdade, a referência é para todo o aparato gerencial, como por exemplo:

- Sistema de Gestão: tem por objetivo prover um modelo de gestão que possa integrar funções gerenciais e operações de toda ordem. A partir de um planejamento integrado, desdobram-se objetivos e metas de desempenho, com as devidas atividades de verificação e monitoramento com as decorrentes ações corretivas e preventivas. A melhoria contínua do sistema de gestão é foco importante da Liderança. Isto posto, pergunto: qual é o melhor sistema de gestão para a empresa? Será sempre aquele que estiver permeado pela cultura, e aquele cuja manifestação concreta reforça valores e comportamentos próprios à identidade daquela organização. Não se pode comprar ou importar um sistema de gestão desatrelado de nosso jeito de ser e fazer, sob pena de se investir tempo e dinheiro em modelos inócuos.

- Gestão de Pessoas: recrutamento, seleção, admissão, recompensa, reconhecimento, integração, engajamento, educação, desenvolvimento, avaliação, sucessão e demissão são subsistemas relacionados à gestão de pessoas. Existe um modo certo de contratar, demitir ou recompensar alguém em nossa empresa? Sim, esse modo "certo" passa pela cultura. As perguntas recorrentes dizem respeito aos valores e comportamentos que inspiram nossas políticas de RH, e a que valores e comportamentos elas reforçam quando executadas e vivenciadas na prática.

- Planejamento Estratégico e Orçamentário: comunica-se fortemente a cultura no exato minuto em que se inicia um novo ciclo estratégico. O processo e os rituais empregados para traçar a estratégia acabam por comunicar como a organização fará suas escolhas cruciais. Estarão implícitos os valores que orientam a estratégia. De igual modo, a expressão monetária da estratégia por meio de seus orçamentos comunicará o que de fato será prioritário no ciclo estratégico que se inicia. Dessa forma, é preciso ter cuidado com a eventual contradição entre discurso e escolhas, valores e atitudes.

- Design Organizacional: a estrutura de organização também deve se alinhar à cultura. A opção por estruturas mais hierarquizadas tipo comando/controle ou estruturas mais orgânicas, com menos níveis e mais autônomas dependerá do tipo de trabalho e do perfil de pessoas, mas fundamentalmente passará pela reafirmação — ou negação — da cultura desejada.

A visão integral de Ken Wilber

Talvez poucos pensadores contemporâneos contribuam tanto para o tema de ampliação da consciência quanto Ken Wilber. Sua obra impacta diferentes áreas: filosofia, psicologia, medicina, espiritualidade, política e ciência. Focaremos neste capítulo em como suas ideias e modelos impactam o mundo dos negócios.

Em seus trabalhos, Wilber dedica-se a uma "Teoria de Tudo", algo capaz de unificar e estruturar a visão do que chama de Kosmos: físico, vida, mente, alma e espírito. Wilber propõe uma visão integral — e unificável — para os negócios, a política, a ciência e a espiritualidade.

O Movimento Integral é uma visão de mundo que busca uma compreensão ampla da humanidade e do universo pela combinação de contribuições da psicologia, sociologia e espiritualidade em um único sistema. Em sentido amplo, o termo "Integral" se refere ao todo, completo e holístico, como corpo-mente-espírito-emoção.

A Visão Integral se propõe a ir além da maneira reducionista como racionalizamos nossas experiências. Wilber desenvolveu a representação do ser humano por meio de um "mapa", que facilita o trânsito por questões que vão das mais filosóficas às mais práticas da vida. Sua contribuição passa pela investigação e integração de todo o conhecimento gerado desde a pré-história até os dias de hoje, abrangendo ciências, artes, filosofias e tradições espirituais, na direção de uma "teoria de tudo". Usando cinco dimensões da consciência (níveis, linhas, estados, tipos e quadrantes), o Modelo Integral detalha cada um desses componentes e os integra, ressaltando as correlações entre eles.

Para os líderes que engajam e inspiram, a visão integral, de modo resumido, é importante porque:

- Fomenta a ampliação de consciência para o eu, para o nós e para o todo que os cerca;

- Permite-lhes vivenciar com mais amplidão suas experimentações sobre as dimensões individuais e coletivas em diferentes níveis, linhas, estados e tipos de consciência;

- Estimula um pensar sem fronteiras, multi-disciplinar, uma disposição para não fragmentar dados e conhecimentos, um estímulo para enxergar o eu e o nós sistemicamente.

O modelo do engajamento integral

É papel essencial da Liderança explicitar a cultura e fazê-la permear toda a organização. Dar efetividade à cultura passa por inocular seus significados pelas dimensões individuais e coletivas. Pensamentos, sentimentos e comportamentos individuais precisam estar embebidos da cultura, e reforçá-la ao mesmo tempo. Relacionamentos interpessoais, sistemas de gestão e políticas corporativas devem se alinhar aos valores e propósitos organizacionais, uma vez que fortalecem a cultura desejada sempre que experimentados de modo concreto.

Não é difícil concordar com essas afirmações. Todas fazem sentido. Mas a pergunta é: como implementar? Como garantir que a cultura esteja inoculada nas dimensões individuais e coletivas da organização? Qual o melhor caminho para assegurar que a cultura "desça" ao chão mais concreto da realidade vivida na empresa? Por experiência prática, estou convencido de que o *Modelo de Engajamento Integral* oferece um roteiro lógico e útil nesse sentido, por três razões:

1. Porque une as dimensões do EU e do NÓS;

2. Porque combina aspectos internos e subjetivos (a parte mais "soft" das pessoas e da organização) com aqueles externos e objetivos (o lado "hard" individual e organizacional);

3. Porque permite o cruzamento das dimensões do EU e do NÓS, bem como a combinação entre os aspectos internos e externos.

Este Modelo emprega os quatro quadrantes, assim divididos:

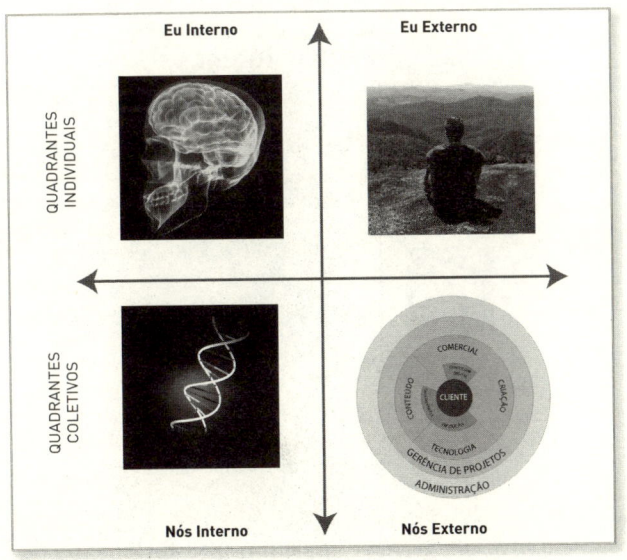

Figura 13

Um modo prático de tratar esses quadrantes é tomá-los como uma lente, ou como óculos que colocamos para enxergar a interação indivíduo e organização em seus aspectos subjetivos e objetivos. A visão integral, portanto, deve ser o modo como a Liderança enxerga e percebe essa relação entre EU e NÓS, entre dimensões internas e externas, inclusive quando o objetivo é trabalhar o engajamento.

Observe como os quadrantes superiores endereçam dimensões do EU, enquanto os inferiores endereçam dimensões do NÓS. Analisemos inicialmente os quadrantes superiores, começando pelo EU INTERNO (veja a Figura 14 abaixo).

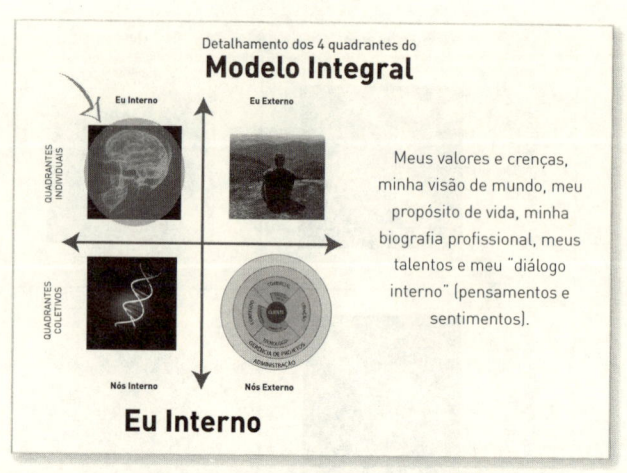

Figura 14

O quadrante superior da esquerda, que apelidamos de "EU IN-TERNO", pressupõe os temas intrínsecos a cada indivíduo. Mantemos a cada segundo dentro de nós um tipo de diálogo interno, pensamentos e sentimentos que ruminamos o tempo todo, uma conversa da qual ora estamos mais conscientes, ora mais desatentos. Desde o primeiro segundo que a pessoa entra em seu local de trabalho até o momento em que se despede de todos e vai embora, ela desenvolve esse diálogo interno, constituído de pensamentos e sentimentos. Essa é a essência do EU INTERNO. História de vida, crenças e valores, a busca por sentido e significado e sua espiritualidade são exemplos dessa dimensão do EU que impactam nossos pensamentos e sentimentos, no mesmo instante em que somos por eles influenciados.

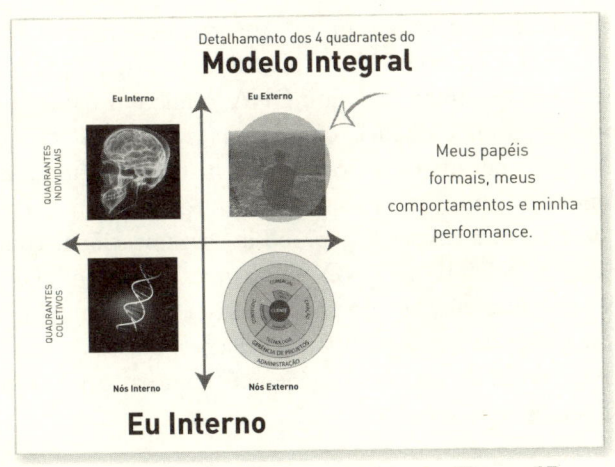

Figura 15

No canto superior da direita está o quadrante do EU EXTERNO. Do ponto de vista de sua relação com a organização, os indivíduos têm papéis formais, com cargos, atribuições e responsabilidades a partir dos quais desempenham suas tarefas e entregam seus resultados. Está relacionada a este quadrante não apenas a performance, mas todos os comportamentos, todo o conjunto de ações e escolhas que o indivíduo realiza a cada instante.

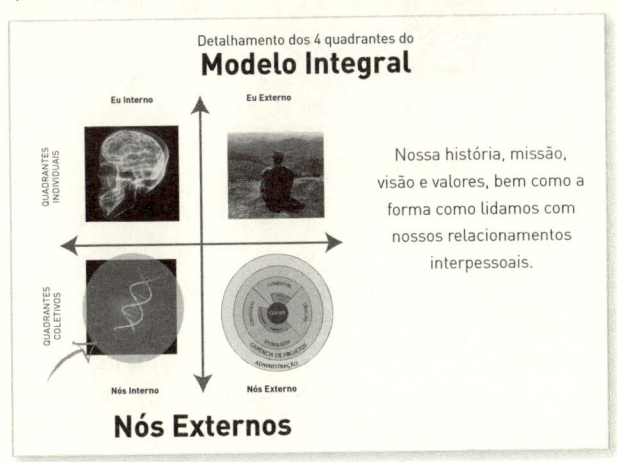

Figura 16

Na parte inferior encontram-se os quadrantes coletivos, sendo o da esquerda conhecido como NÓS INTERNO. A figura por mim sugerida para este quadrante é de um DNA, o que nos remete de pronto à identidade, alma e essência da organização. Trata-se do quadrante onde "mora" a cultura organizacional. A história dos fundadores com suas lendas e mitos, os valores que eles legaram para a empresa, a visão de futuro, a missão e o propósito organizacional compõem o quadrante do NÓS INTERNO. Também encontramos aí o tema das relações interpessoais, não do ponto de vista dos sistemas de comunicação, mas sim os aspectos sutis das relações, ou seja, a qualidade da conversa e do relacionamento, o "jeitão" como as pessoas interagem em diferentes contextos.

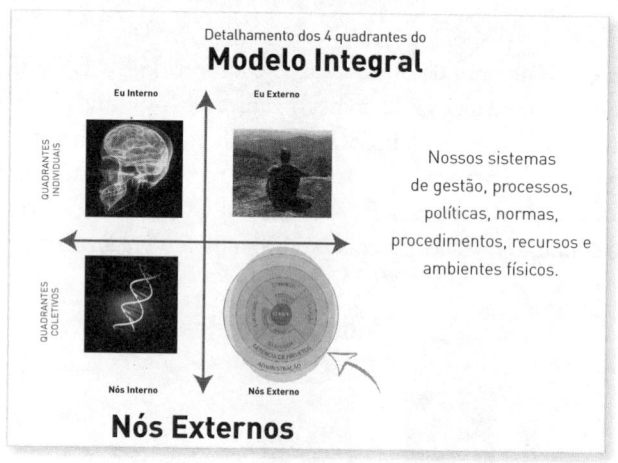

Figura 17

Temos, por fim, o quadrante inferior da direita, conhecido como NÓS EXTERNO. A ele associamos todos os aspectos mais concretos e tangíveis de nossa relação com o trabalho: recursos físicos, financeiros, tecnológicos, humanos, layout, sistemas de gestão, cadeia de processos, além de todo o conjunto de políticas, normas e procedimentos.

Note, portanto, como os quatro quadrantes cobrem todo o espectro individual e coletivo, em suas manifestações objetivas e subjetivas, externas e internas. Agora estamos prontos para começar a refletir sobre como utilizá-los para o desafio de engajar pessoas, com vistas a um nível superior de comprometimento entre indivíduo e organização.

Antes, porém, é preciso destacar duas condições básicas:

1. A cultura deve ser a grande "liga" entre indivíduo e organização, razão pela qual nenhum esforço de engajamento será efetivo sem que a missão, o propósito e os valores estejam adequadamente definidos;

2. Engajar é uma tarefa da Liderança, motivo pelo qual são os líderes que patrocinam o engajamento, oferecendo a esse processo uma dedicação de corpo e alma.

Feitas as ressalvas, podemos avançar para a seguinte questão: o que ocorre quando cruzamos os quadrantes? Que possibilidades tais combinações abrem para reflexão e ação, na direção do engajamento? Na realidade, a essência do Modelo do Engajamento Integral passa pela associação entre os quadrantes, da seguinte forma:

- EU INTERNO x NÓS INTERNO, que chamo de convergência;

- EU INTERNO x EU EXTERNO, que chamo de autenticidade;

- EU EXTERNO x NÓS EXTERNO, que chamo de coerência;

- NÓS EXTERNO x NÓS INTERNO, que chamo de integridade;

- EU INTERNO x NÓS EXTERNO, que chamo de aderência;

- EU EXTERNO x NÓS INTERNO, que chamo de consistência.

A figura a seguir resume todas essas combinações:

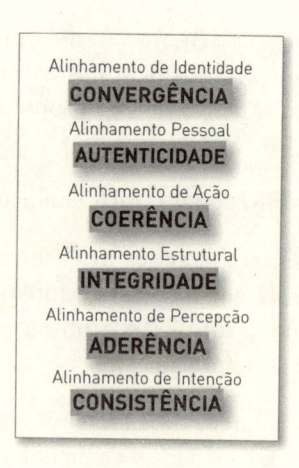

Figura 18

Cada combinação entre quadrantes pressupõe um esforço adicional para alinhar dimensões individuais e coletivas, aspectos internos e externos, perspectivas subjetivas e objetivas. A soma entre esses alinhamentos resulta no que podemos chamar de Engajamento Integral.

Nas linhas a seguir, leve em conta que o desafio do engajamento é responsabilidade dos líderes e deve começar por eles mesmos. Ou seja, a Liderança é a patrocinadora desse processo, que começa tendo a própria Liderança como foco. Vale dizer que os líderes devem ser o alvo inicial do engajamento, até como condição para que possam promover em seguida o mesmo esforço de engajar seus times em todos os demais níveis.

Do ponto de vista prático, cada um dos seis alinhamentos pode ser disparado por workshops conduzidos por facilitadores internos ou externos, além de todo o trabalho que surge na sequência desses workshops para implementação das ações de engajamento.

Vamos analisar, a partir da Figura 19, cada um dos alinhamentos que constroem o engajamento integral.

Alinhamento de identidade: Convergência

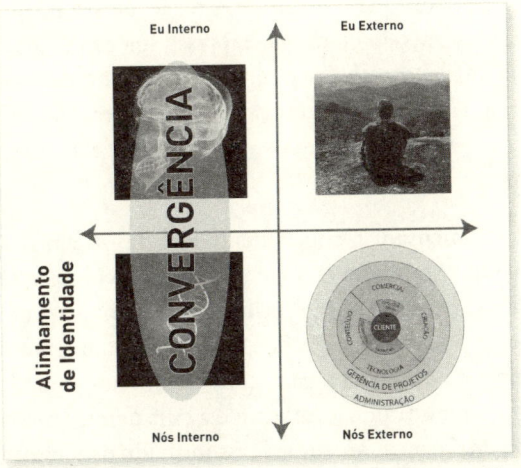

Figura 19

O alinhamento de identidade pressupõe o cruzamento entre o EU INTERNO e o NÓS INTERNO. Ampliar o alinhamento entre indivíduos e organização em valores e propósitos é o objetivo central desta fase do engajamento. Em tese, seria ótimo imaginar que todos os profissionais contratados estão 100% alinhados com os valores, com a missão, a visão e o propósito organizacional. Mas sabemos que isso não é verdade. Aliás, é pela ausência de alinhamento — notadamente nos níveis de Liderança — que a organização paga um preço bem caro.

Quando se procura uma organização para trabalhar deve-se avaliar sua reputação, suas atitudes em contextos críticos e os valores que guiam suas ações e escolhas. Devemos compreender sua cultura, seu jeito de ser e fazer. Saberemos avaliar aquela organização que explicita sua visão de mundo, sua aspiração de futuro, seu propósito e as atitudes que valoriza e, assim, escolhê-la para nossa jornada de carreira.

O problema está na incoerência de cobrar esse posicionamento da organização sem oferecer o mesmo. Não raro nos deparamos com pessoas sem consciência sobre sua história de vida, visão de futuro, propósito, crenças e valores, que não conseguem explicar para si mesmos como fizeram escolhas de vida e carreira. Espera-se que a organização faça sua parte: que ofereça uma razão de ser inspiradora em seu propósito, uma missão clara que expresse sua estratégia, uma visão de futuro que engaje *stakeholders* de corpo e alma e um sistema de valores que oriente ações e atitudes. Apesar de esperarem tal coisa de suas organizações, muitos indivíduos não possuem essa clareza toda sobre si próprios.

Assim, a dimensão do engajamento integral atua no campo do autoconhecimento. Ampliar a consciência dos indivíduos sobre si mesmos, suas histórias, pensamentos, sentimentos e valores, e inquietá-los com a busca por propósito de vida, faz parte do alinhamento de identidade. Estarmos mais conscientes para conosco mesmos nos faz capazes de olhar com maior altitude e amplitude a cultura organizacional e perceber convergência entre nossos valores individuais e os organizacionais, do mesmo modo que compreendemos que viver nosso propósito passa pelo trabalho que realizamos naquela empresa.

Desse modo, é possível afirmar que o alinhamento de identidade amplia o sentido de pertencimento com a empresa. Olhar para os valores organizacionais e perceber convergência com seus próprios valores amplia a sensação de pertencer ao lugar certo. Compreender que é naquela empresa que temos melhores condições para viver nosso propósito individual provocará o mesmo efeito, e reforçará o engajamento.

Em resumo, os temas e as atividades que fazem parte do alinhamento de identidade são:

- Compartilhamento de histórias de vida entre os participantes;

- Reflexão individual (e depois compartilhada em pares e grupos) sobre momentos críticos de vida e carreira;

- Reflexão individual (e depois compartilhada em pares e grupos) sobre ações e escolhas diante de momentos críticos de vida e carreira;

- Sistema individual de valores: reflexão individual (e depois compartilhada em pares e grupos) sobre quais valores guiaram as ações e escolhas diante de momentos críticos de vida e carreira;

- Reflexão em pares e grupos sobre os valores organizacionais e seus significados;

- Discussão em grupos sobre os valores organizacionais em ação: quando e como os valores orientaram o posicionamento da Liderança;

- Reflexão individual (e depois compartilhada em pares e grupos) sobre a convergência entre os valores organizacionais e individuais;

- Discussão em grupos sobre o propósito organizacional: quando e como vivemos nosso propósito enquanto organização;

- Reflexão individual (e depois compartilhada em pares e grupos) sobre a convergência entre o propósito organizacional e o individual.

Alinhamento pessoal: Autenticidade

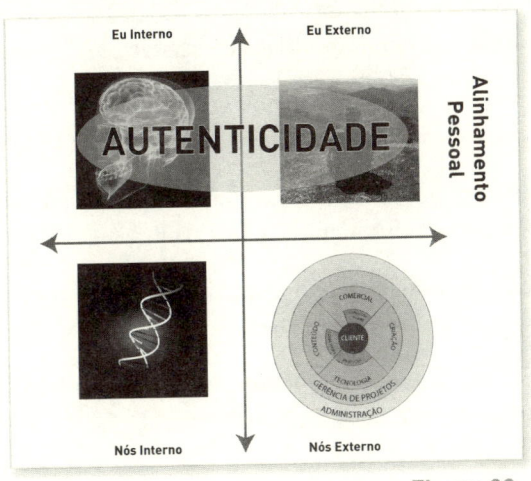

Figura 20

O alinhamento pessoal pressupõe o cruzamento entre o EU INTERNO e o EU EXTERNO. O objetivo é ampliar condições para que os líderes tenham maior alinhamento entre seus pensamentos, sentimentos e comportamentos. Idealmente, aquilo que penso e sinto (EU INTERNO) determina como ajo e faço escolhas das mais diversas (EU EXTERNO). De igual modo, meu comportamento reforça meu sistema de valores e minha busca por um propósito, e vice-versa.

Essa é a dimensão do engajamento integral de maior contribuição para o autoconhecimento dos líderes. Participar do alinhamento pessoal é usufruir de benefícios semelhantes aos auferidos em processos de coaching, no sentido da ampliação de consciência para si próprio. Como já mencionamos em capítulos anteriores, um número crescente de organizações busca líderes maduros e conscientes, abertos quando falam sobre suas crenças e valores, autênticos quando agem de modo alinhado com seus pensamentos e sentimentos, ou quando percebem consonância em como seu pensar e sentir forja suas atitudes, tanto na vida pessoal quanto na profissional.

Em resumo, os temas e as atividades que fazem parte do alinhamento pessoal são:

- Desenho da linha da vida, com registro sobre momentos biográficos relevantes, positivos e negativos;

- Reflexão individual (e depois compartilhada em pares e grupos) sobre crenças alavancadoras a partir da linha da vida;

- Reflexão individual (e depois compartilhada em pares e grupos) sobre crenças limitantes a partir da linha da vida;

- Reflexão individual (e depois compartilhada em pares e grupos) sobre estilos: racional, reflexivo, pragmático e afetivo;

- Registro de cinco momentos de pico na carreira (depois compartilhado em pares e grupos);

- Análise dos momentos de pico e das competências em cada um deles (conhecimentos, habilidades e atitudes presentes em cada momento de pico), depois compartilhados em pares e grupos;

- Reflexão individual (e depois compartilhada em pares e grupos) sobre talentos e pontos fortes;

- Reflexão individual (e depois compartilhada em pares e grupos) sobre a declaração de propósito de vida.

Alinhamento de ação: Coerência

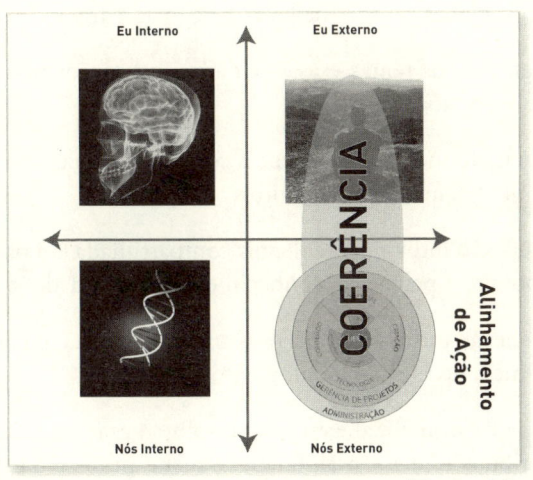

Figura 21

O alinhamento de ação pressupõe o cruzamento entre o EU EXTERNO e o NÓS EXTERNO. O objetivo é alinhar a ação individual com o plano de ação organizacional. O ideal é que o binômio comportamento/performance individual esteja em linha com o resultado desejado e planejado pela organização.

O NÓS EXTERNO pressupõe um conjunto de sistemas organizacionais a serviço da estratégia definida pela Liderança. O que se deseja, portanto, é que indivíduos e organização estejam coerentemente alinhados em sua ação, ou seja, que as atitudes e o desempenho das pessoas sinalizem que os objetivos comerciais, econômicos e financeiros serão alcançados.

A configuração geral do NÓS EXTERNO, com toda sua amplitude e complexidade, pode estimular ou inibir inadvertidamente os comportamentos e as performances que entregariam os resultados desejados. Assim, é escopo do alinhamento de ação refletir sobre os eventuais fatores facilitadores (que precisam ser preservados e ampliados) e inibidores (que precisam ser mitigados e eliminados) da ação individual e organizacional capazes de levar o negócio para onde ele planeja ir.

Em resumo, os temas e as atividades que fazem parte do alinhamento de ação são:

- Reflexão individual (e depois compartilhada em pares e grupos) sobre talentos e pontos fortes

- Reflexão individual (e depois compartilhada em pares e grupos) sobre competências (conhecimentos, habilidades e atitudes)

- Reflexão individual (e depois compartilhada em pares e grupos) sobre a declaração de propósito de vida

- Análise individual e em grupo sobre o grau de clareza quanto a atribuições, responsabilidades e metas pessoais e coletivas

- Avaliação sobre a gestão da performance organizacional

  - Painel de indicadores

  - Métricas de avaliação

  - Rituais de gestão para avaliação

  - Gestão de Melhoria

- Avaliação crítica dos fatores facilitadores e inibidores dos comportamentos e desempenhos desejados
  - Revisão do macroprocesso de reconhecimento e recompensa
    - Estratégia de remuneração total
    - Políticas de incentivo de curto, médio e longo prazo
    - Políticas de mérito e promoção
  - Processos de carreira e sucessão
  - Trilhas de carreira
  - Políticas de aproveitamento interno
  - Políticas de educação e desenvolvimento
  - Sistemas de avaliação de desempenho

Alinhamento estrutural: Integridade

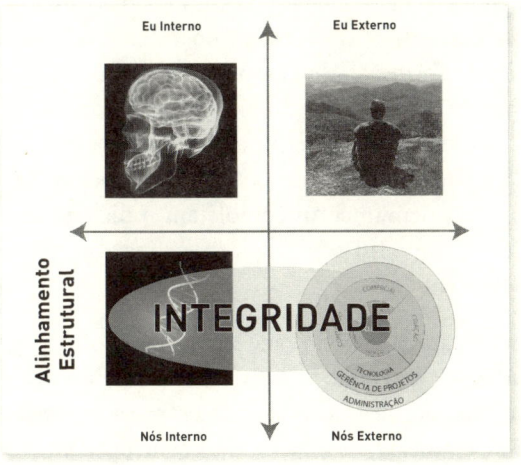

Figura 22

O alinhamento estrutural pressupõe o cruzamento entre o NÓS INTERNO e o NÓS EXTERNO. O objetivo é ampliar o alinhamento entre os aspectos subjetivos e objetivos nos quadrantes coletivos.

Imagine que você começou a trabalhar recentemente em certa empresa. Sua identificação com os valores da organização foi imediata, desde os primeiros momentos por ocasião do processo seletivo. Você ficou bem impressionado com toda a condução do processo. Foi contratado e rapidamente iniciou a integração, com um ciclo de palestras sobre a história da organização e fundadores, bem como sobre sua operação, serviços e produtos. Você ouviu palestras dos fundadores e das principais lideranças da empresa. Seu nível de motivação subiu às alturas. Sua identificação com as crenças, com o propósito, a missão e a visão da organização aumentou de modo significativo. Você compartilha com família e amigos sua empolgação e seu grau de inspiração com o novo emprego.

Terminada a integração você se junta aos colegas de trabalho na área para a qual foi contratado. Aos poucos começa a pegar a rotina e a se envolver com suas atividades e desafios. Sua experiência com a empresa agora é bem concreta: lida com recursos físicos, tecnológicos, financeiros, com sistemas organizacionais, com o layout e com toda a parafernália de normas, políticas, processos e procedimentos. Aos poucos percebe que sua empolgação diminuiu. Seu ânimo já não é mais o mesmo. Certo dia, você se pega perguntando a si mesmo, aborrecido: "onde está aquela empresa que conheci no processo seletivo e na integração?". Seus pensamentos completam o diálogo interno de modo nefasto: "parece que fui contratado por uma empresa e me puseram para trabalhar em outra!".

Uma sensação de engodo percorre seu corpo. A percepção de que foi enganado — ou de que se enganou por conta própria — gera uma emoção fortemente negativa. Aquela empresa prometida a você não está presente na rotina, na relação mais concreta com seu trabalho e na interlocução com os demais ao seu redor. A cultura existe — você foi apresentado a ela, identificou-se com ela! — mas não permeia a realidade organizacional. O mundo real do trabalho naquela empresa está desconectado da alma, da essência, do DNA. Ou seja, trata-se de uma empresa em que não se vive a cultura na prática.

Casos assim são mais comuns do que imaginamos. Nos últimos anos o tema da cultura organizacional ganhou espaço na agenda de empreendedores e gestores (uma boa notícia, evidentemente). Ocorre, porém, que a maioria falhou em conseguir — algumas sequer tentaram — "descer" a cultura, fazê-la permear a organização com efetividade. Isso gera nos colaboradores uma sensação de inadequação, de incoerência. A experiência de trabalhar naquela empresa peca pela falta de integridade — não por questões éticas, mas por uma relação entre cultura e trabalho que não está alinhada, não é íntegra e plena. A sensação é de falta de integridade entre a imagem pela qual fui seduzido, e a realidade da minha relação com o trabalho e com aqueles com quem interajo. Isso conduz aceleradamente ao desengajamento.

É para evitar situações assim que o alinhamento estrutural serve, no sentido de assegurar que a cultura seja ponto de partida e de chegada. Ponto de partida, na medida em que todos os aspectos mais concretos do NÓS EXTERNO são concebidos com base nos valores, no propósito e na visão da organização. De igual modo, a cultura deve ser ponto de partida, pois, sempre que se manifesta, o NÓS EXTERNO reforça a cultura desejada. Essa é a situação ideal.

Em resumo, os temas e as atividades que fazem parte do alinhamento estrutural são:

- Nossa cultura está definida e comunicada em todos os níveis?

- Existe alguma distância entre a cultura desejada e a cultura efetivamente percebida pelos diferentes *stakeholders*?

- Nossos sistemas de gestão foram concebidos a partir da cultura?

- Nossas políticas com colaboradores, acionistas, investidores, fornecedores, governo e comunidade expressam de modo fidedigno nossa cultura?

- Nossa cadeia de processos tem a "cara" de nossa empresa e molda nosso jeito de operar e gerir?

- Nosso layout e nossos espaços físicos expressam nossos traços de cultura?

- Até que ponto nossos colaboradores experimentam a cultura na relação prática com seu trabalho?

Alinhamento de percepção: Aderência

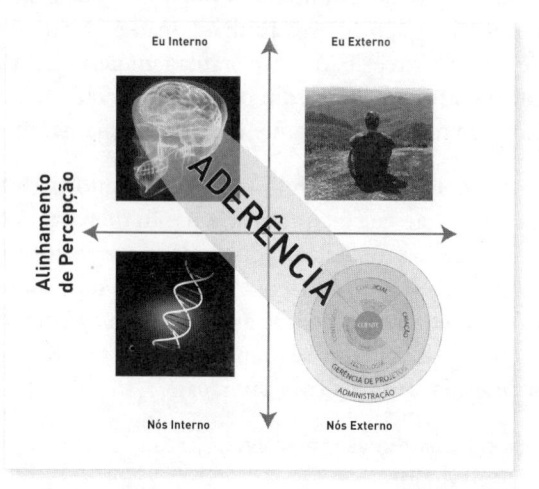

Figura 23

O alinhamento de percepção pressupõe o cruzamento entre o EU INTERNO e o NÓS EXTERNO. O objetivo é ampliar o alinhamento entre a maneira como pensamos e sentimos, com o quanto impactamos de modo concreto nossa organização.

Tomemos, mais uma vez, a liderança como exemplo. Qualquer organização adoraria que seus líderes, diante de cada decisão a ser tomada sobre políticas, processos, recursos, etc, estivesse plenamente consciente sobre como cada tema subjacente ao processo decisório se conecta com suas crenças e valores, e como esse conjunto interfere nas decisões — tanto na forma quanto no conteúdo.

Em resumo, os temas e as atividades que fazem parte do alinhamento de percepção são:

- Nossos líderes têm significativo nível de autoconhecimento?

- Nossos líderes têm intimidade com suas biografias, crenças, valores, talentos, estilos e com a busca por um propósito?

- Nossos líderes falam de seus valores pessoais com seus times, evidenciando como os mesmos forjam a maneira como decidem e fazem escolhas?

- Nossa liderança é composta por indivíduos maduros, que agem como pessoas e profissionais responsáveis por suas ações e escolhas? São capazes de perceber em cada contexto como seu mundo interior impacta a si, suas relações e suas decisões? São capazes de uma reflexão autocrítica e madura sobre si mesmos, sem julgamentos e com espírito de aprendizagem?

- Nosso NÓS EXTERNO é expressão concreta de como nossos líderes pensam e sentem cada um dos temas mais relevantes em nossa organização?

Alinhamento de intenção: Consistência

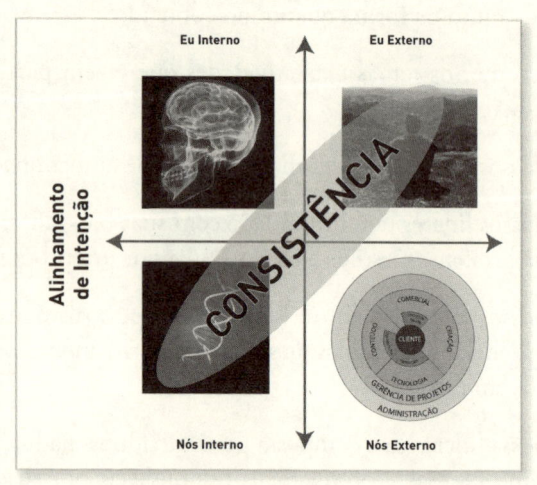

Figura 24

O alinhamento de percepção pressupõe o cruzamento entre o EU EXTERNO e o NÓS INTERNO. O objetivo é ampliar o alinhamento entre a Cultura Organizacional e o comportamento dos indivíduos.

Vou repetir aqui uma reflexão. Pense comigo: quem merece o adjetivo de "líder" na organização? Apenas — e tão somente — aqueles que são expressão viva dos valores organizacionais. São líderes que expressam a Cultura desejada em sua linguagem e em suas atitudes. De igual modo, tais líderes, com suas atitudes, fortalecem o que tem valor profundo para a empresa, seu DNA e sua busca por propósito.

Em resumo, os temas que fazem parte do alinhamento de intenção são:

- Temos orgulho de nossos líderes, por serem tão representativos do nosso "jeito de ser e fazer"?

- Poucas coisas reforçam tanto nossos valores e nosso propósito quanto a linguagem e a atitude de nossa liderança?

- Nossos líderes tomam os valores e o propósito da organização como ponto de partida para seu comportamento, estimulando os demais ao seu redor a agir do mesmo modo?

- Nossa liderança entende que a Cultura é sempre ponto de chegada, pois reconhece que cada decisão tomada e todas as atitudes diárias são capazes de fortalecer — ou enfraquecer — o sistema de valores e o propósito da organização?

- É consistente com nossa missão e nossa visão a maneira como as pessoas agem e performam em nossa empresa?

- Nossos líderes conhecem nossa missão, agem de modo consistente com ela e engajam as pessoas ao seu redor na visão de futuro?

Engajamento

138

Bibliografia

BARRETT, Richard. *Criando uma organização dirigida por valores: uma abordagem sistêmica para a transformação cultural.* São Paulo: AntaKarana, 2006.

BRIDGES, William. *Transitions.* Boston: Perseus Books, 2004.

_____. *Managing transitions.* Boston: Perseus Books, 2009.

BURCHELL, Michael. *A melhor empresa para trabalhar: como construí-la, como mantê-la e por que isso é importante.* Porto Alegre: Bookman, 2012.

CHARAN, Ram. *Liderança na era da turbulência econômica: as novas regras de gestão em tempos de economia estagnada.* Rio de Janeiro: Elsevier, 2009.

_____. *Pipeline de liderança: o desenvolvimento de líderes como diferencial competitivo.* Rio de Janeiro: Elsevier, 2009.

CHÉR, Rogério. *Empreendedorismo na veia: um aprendizado constante.* Rio de Janeiro: Elsevier/Sebrae, 2008.

_____. *Todo novo começo surge de um antigo começo: transições de vida e carreira.* São Paulo: Évora, 2012.

COLLINS, James C. *Empresas feitas para vencer.* Rio de Janeiro: Elsevier, 2006.

_____. *Vencedoras por opção – great by choice.* São Paulo: HSM, 2011.

CSIKSZENTMIHÁLYI, Mihaly. Mihaly Csikszentmihalyi on flow. Disponível em: http://www.ted.com/talks/lang/eng/mihaly_csikszentmihalyi_on_flow. html.

DOLAN, Simon. *Gestão por Valores*. Rio de Janeiro: Qualitymark, 2006.

IBARRA, Herminia. *Identidade de Carreira: a experiência é a chave para reinventá-la*. São Paulo: Gente, 2009.

PINK, Daniel. *Motivação 3.0*. Rio de Janeiro: Elsevier, 2010.

RAO, Srikumar S. *Felicidade no Trabalho: seja resiliente, motivado e bem-sucedido, não importa o que aconteça*. Rio de Janeiro: Alta Books, 2011.

YOUNG, Scott A. *Muito além do comprometimento: como montar equipes que farão sua empresa chegar ao topo*. São Paulo: Gente, 2011.

ULRICH, Dave. *Por que trabalhamos*. Porto Alegre: Bookman, 2011.

CLIFTON, Donald O. *Descubra seus pontos fortes*. Rio de Janeiro: Sextante, 2008.

SCHEIN, Edgar H. *Cultura Organizacional e Liderança*. São Paulo: Atlas, 2009.

SELIGMAN, Martin E.P. *Felicidade Autêntica: usando a nova psicologia positiva para a realização permanente*. Rio de Janeiro: Objetiva, 2004.

SISODIA, Rajendra S. *Os segredos das empresas mais queridas: como empresas de classe mundial lucram com a paixão e os bons propósitos*. Porto Alegre: Bookman, 2008.

Índice

3M 8

A

aconselhamento 34, 54, 66, 70
aderência 123
alinhamento 55, 68, 69, 99, 109
ambiguidade 30, 36, 37, 46
ancestralidade 67, 69, 70
angústia 3, 52
ansiedade 9, 11, 12, 17, 22
artefatos da cultura 111
autenticidade 44, 123
autoconhecimento 14, 42, 43, 56
autonomia 8, 9, 15

B

Banco Garantia 37
Billy Elliot 19
Brene Brown 72

C

Carolyn Taylor 65
causa 47, 48, 56, 63, 65, 83, 84

cérebro 7, 90, 103, 104, 105
coach 72
coaching 17, 18, 34, 67, 73, 86
coerência 60, 98, 103, 114, 123
complexidade 8, 30, 31, 32, 33
comportamento 6, 7, 8, 10, 14, 15
comprometimento 3, 5, 58, 64
consistência 44, 72, 85, 123
contribuição 56, 63, 65, 68, 71, 84, 117, 128
convergência 79, 123, 126, 127
criatividade 7, 48, 72, 91, 103, 104, 110
cultura organizacional 110, 111, 122, 126, 133

D

Dan Ariely 8
Daniel Pink 6, 8, 14, 103
desânimo 12
desengajamento 2, 14, 15, 55, 59, 68, 69, 99, 109, 110, 125
detenção 2
DNA 111, 114, 115
domínio 63,65

E

Edgar Morin 30, 31

Embraer 8, 39

Empreendedorismo 63, 64, 83, 84, 139

Empreendedorismo de Significado 63, 64, 83, 84

empresa feliz 1, 2, 3, 27, 29, 32, 35, 46, 47, 48

engajar 5, 6, 15, 19, 43, 45, 49

excelência 8, 9, 14, 15, 31, 34, 74

F

feedback 20, 22, 23, 54

felicidade no trabalho 3, 6, 8, 10

feliz 27, 29, 32, 35, 46, 48

flow 10, 14, 15, 17, 19, 20, 21

fluxo 10, 22, 68, 91, 92

G

Google 8, 9

I

Ichak Adizes 48

identidade 29, 55, 65, 67, 71, 113, 114, 122, 125, 126

imaginação 104

InBev 37, 38

incerteza 4, 12, 30, 31, 32, 33

incompletude do saber 30, 46

injustiça 15, 58, 59, 60, 85

inovação 2, 7, 8, 40, 41, 47, 83

inspirar 19, 43, 45, 57, 82, 98

instabilidade 17, 30, 35, 39, 40, 46

integridade 123, 133

J

James Hillman 77

Jim Collins 32, 37

John Mackey 59, 71

K

Ken Wilber 116

L

Leonardo Da Vinci 40

LHH/DBM 2, 3, 24, 25, 26, 52

liderança 8, 15, 17, 24, 40, 43, 45, 46, 56, 58, 60, 63, 84

líderes 4, 5, 6, 8, 9, 32, 33, 34, 35, 36, 37, 39, 41, 43, 44

M

Marcus Buckingham 27

Martin Seligman 30

mentoring 17, 18, 34, 73, 86

Mihály Csíkszentmihályi 10

Modelo Integral 117

motivação 6, 9, 14, 59, 64, 76

motivação extrínseca 6

motivação intrínseca 2, 3, 14, 24, 25, 26, 52

mudança 16, 30, 35, 39, 41, 42

N

Natura 2, 3, 24, 25, 26, 52, 63

P

personalidade 13, 69, 80

Peter Drucker 40

polaridade 30, 39, 46, 89, 90, 92

presenteísmo 57

propósito 8, 9, 28, 30, 37, 48, 49, 55, 56, 60, 66, 67, 68, 69

R

Raj Sisodia 59, 71

relações 48, 53, 54, 57, 58, 63

retenção 2, 27

Richard Barrett 110

S

satisfação 6

significado 5, 6, 22, 30, 35, 38, 40, 44, 49, 66, 78, 90, 91

stakeholders 55, 63, 64, 83, 96

T

talento 13, 26, 27, 43, 65, 74

ted 10, 139

Tiger Woods 28, 29

transição 30, 41, 42, 46, 66

tristeza 90

V

valores 6, 7, 15, 27, 37, 42, 55, 56, 60, 67, 71, 78, 80, 81

vida pessoal 51, 52, 53, 54, 55, 56, 69, 72, 82, 90, 95, 128

vida profissional 51, 52, 53, 54, 55, 56, 69, 72, 82, 90, 95, 128

vocação 29, 63, 65, 66, 68, 69